僕らがインドで見つけた「お金」と「時間」の秘密

自己投資探究家
佐野直樹

サンマーク出版

Prologue

森と蝶

目の前を美しい蝶《ちょう》が飛んでいた。
男は、どうしてもその蝶を捕まえて自分のものにしたいと思った。
男はすぐに、虫取り網や籠などさまざまな道具を用意した。
なんとか、一匹捕まえることができた。
だが、もっと蝶が欲しい。
男は蝶が現れる場所を調べ、さらに道具を揃《そろ》え、蝶を追い求めた。

何匹かの蝶が手に入っても、まだまだ足りない。
それどころか、もっと欲しい。
もっと早く捕まえたい。
この先、捕まえられなかったらどうしよう。
捕まえた蝶が逃げてしまったらどうしよう。
男は苦しむようになった。

あるとき、男は蝶を追ってある森へと入っていった。
その森には、色とりどりの花を咲かせる木々ばかりがあった。
そして、その花から花へと美しいたくさんの蝶が飛び回っていた。

夢中で蝶を追い回していると、森の守り人が近づいてきてこう男に言った。

「蝶が欲しければ、森を作りなさい」

男はこう反論した。

「そんな時間はないのです。一刻も早くたくさんの蝶を捕まえたいのです。いつもこの気持ちで夜も眠れないのです。なぜあなたの森にはこんなにも蝶が集まっているのですか？」

森の守り人はゆったりとした口調でこう言った。

「早く手に入れたいなら、そしてたくさんの蝶を手に入れたかったら、森を作るのです。そうすれば、無理やり追うことなく蝶は自然にやってきます。そして花粉をまとって受粉を媒介します。すると、そこに花が咲き、さらに蝶がやってきます。あなたは、その美しい森を眺めることができ、果実を得ることまでできるのです」

「そんな森を作るには、まずどうすればいいのですか？」男は尋ねた。

「まずは、苦しい状態から、**美しい状態になりなさい**」

「美しい状態」でいること

蝶とは、お金の象徴だ。

自分が美しい状態でいることについては、この本の重要なテーマになる。

そしてそれは、**時間とお金の本質を理解し、人生を繁栄させることにつながっていく。**

僕は、経営者として成功したのも束《つか》の間《ま》、お金を求めて心の中は不安でいっぱいで、時間に追われ、疲れ果てていた。

次第にお金は僕のもとから遠ざかり、さらには愛する人も、仲間も離れていった。

僕は藁《わら》にも縋《すが》る思いでインドのグル（サンスクリット語で「導師」「教師」）に会いに行き、

「ベンツに乗ったブッダになりなさい」

と告げられる。ベンツとは「豊かさ」を、ブッダは「悟った者」を表す。

「悟る」とは、一言でいえば「苦しみのない状態」。

つまり、「美しい状態」でいることだ。

そうすれば、お金にも時間にもしばられない豊かな状態になれる。

それだけではない。その豊かさをおおぜいの人と分かち合い、愛や喜びに満ちた世界を作ることができる。

インドでこのことを学び、苦しかった僕の人生は大きく変わった。

そしてインドで、僕は同志とも呼べる〝彼〟と出会うことになる。

彼も、僕と同じように深い苦しみの中にあり、僕と同じようにインドに行き、人生を激変させた。そんな僕らが、インドで見つけた「お金」と「時間」の秘密についての物語を、これからあなたにお話ししていこう。

この物語は、僕、佐野直樹と、
彼、横澤大輔（株式会社ドワンゴ取締役ＣＣＯ）の
実話をもとに、
脚色を加え書かれたものである。

登場人物

佐田直斗

美容師として、20代の頃からロンドンに留学。世界的に有名な美容院で修業し、若くして複数の美容院を経営。マーケティングから自己啓発までさまざまな講座に参加し、自分を高めることに余念がない。自己投資に1億5000万円、さらに遊びにも1億円以上かけてきた。仕事もお金もうまくいっていると思っていたが……。

横峯大吾

10代の頃は引きこもりがちだったが、得意のプログラミングの才能をいかし、大学時代から先輩と起業。500人規模の会社に成長させる。お金は十分にあるが時間に追われる生活に「なんのために生きているのか」という悩みをもちはじめる。

僕らがインドで見つけた「お金」と「時間」の秘密

目次

Prologue

森と蝶——2

「美しい状態」でいること——6

・登場人物——9

1 冬のオホーツク海

お金、夫婦関係、仕事……急な坂道を転がり奈落の底の底

・流氷の海と、絶望と——22

・役に立たなかった1億5000万円の自己投資——25

・予想外の孤立と転落——27

・奈落の底には、奈落があった——30

・すべてをかけて、インドへ——32

2 富をもっていても不幸なセレブたち

すべてを決めるのは「苦しんでいる状態」か「美しい状態」か

・苦しみから逃れられないセレブたち――36
・この世には「苦しんでいる状態」か「美しい状態」かしかない――39
・人間がもつ3つの固定観念――43
・悟った王様にはすべてが集まり出す――46
・王様と少年――すべてが手に入る秘密――49
・富には8つの鍵がある――54
・「もっと、もっと」という苦しみ――60
・苦しみはたった3種類しかない――63
・欠乏と執着が苦しみを生む――67
・傲慢さが分離を引き起こす――71
・僕らは無免許で人生を走ってきた――74
・ハートが下した決断――77
・本当の姿で向き合えた二人――82

3

人のトラブル解決ばかりに時間を使う人生

呼吸を整え、内側に目を向けたことで起きた奇跡

・何のために生きていけばいい？——86
・人気コンテンツ・プロデューサーができるまで——90
・立ち止まったときに見えてきたもの——92
・孤独と不安に向き合うときが来た——95
・外の世界に振り回されてきたけれど——98
・自分を観察することで苦しみの道を閉ざす——101
・小さな火でも、いつかは家を焼き尽くす——104
・会議室で起きた奇跡——107

4 立ち止まるための習慣「グルノート」

立ち止まるための小さな習慣で見えてきたこと

・本来、自分に必要なものはひとりでに入ってくる――114
・莫大な財産を受け継いだ3人の息子
――お金を維持することとは――117
・奇跡が起き出した！――119
・店を救ったルーキー――123
・内側の心が落ち着くほど、外の世界は加速する――126
・自分の中の神性とつながる――131
・意識に集中し、観察して、叡智に触れよ――135
・感情に巻き込まれない方法――137
・立ち止まることが運命を作る――139
・立ち止まるための「グルノート」――143
・なぜかノートに書いたことが現実化していった――151
・「無関心」という暴力をふるっていないか？――154
・売上のV字回復と、新しい仲間と――160

5 「問題」と「苦しみ」を分けること

人生から問題はなくせないけれど、苦しみはなくすことができる

・かけがえのない家族と朝のため息——166
・僕らは「問題」と「苦しみ」を一緒に考えている——169
・分けると見えてくるもの——173
・プラダしか買ってもらってない!?——177
・「責める」と「正義」の2つの車輪が対立へと進ませる——181
・人類の愛には3つの間違った形がある——184
・「本当の愛」でつながるために——187
・心に栄養を与える「感謝ノート」——191
・正しさこそが自分を苦しめていた——194
・朝の3分で起こした「奇跡」——197
・「本を書く」というビジョンに向かって——200
・5つの「ルナ」が富の循環を起こす——202

6 苦しみを味わい尽くすことで見えてくるもの

人類の99％は苦しんでいることを知る

・「自分の好き」が実現した世界――208
・インドから帰って訪れた変容――211
・人類の99％は苦しんでいる――215
・心の奥底にあった欠乏感――217
・「昔の自分」のために企画した「キラキラ超祭典」――220
・世界に対する違和感からの脱出――222
・自分のためにお金を使っていい――224
・行動への第一歩は「気づくこと」――226
・メインステージでのアクシデント！
ピンチをどう切り抜ける？――229
・泥まみれの仏像――人の本質は光り輝く仏像――234

7 ビジョンと豊かさを生きる

「私」の誤解、「私」の正体

・講演家として新たなキャリアがスタート――240
・ビジョンの実現をはばんだのは「私」――243
・すべての苦しみの原因は「私」という意識にある――246
・湖でおぼれたグルが気づいた「私」の正体――249
・巨石を動かす知恵
――「私」への執着が消えると起こること――253
・ビジョンと理想の違い――257
・人との比較は「3つの自分との戦い」を生む――260
・ビジョンとは自分の在り方――261
・悟りは自分のためだけのものではない――264
・苦しみを取れば、プーニャ（徳）が積まれていく――266
・インドで見つけた「お金」と「時間」の秘密――269

Epilogue

宮古島の海――275
世界に「相転移」は起こせる――277

ブックデザイン　小口翔平＋畑中茜＋稲吉宏紀（tobufune）
イラスト　平尾直子
本文DTP　アルファヴィル
編集協力　江藤ちふみ
　株式会社ぷれす
取材協力　横澤大輔
企画協力　ブックオリティ
編集　金子尚美（サンマーク出版）

1

冬の
オホーツク海

お金、夫婦関係、仕事……
急な坂道を転がり
奈落の底の底

流氷の海と、絶望と

「ここから飛び降りれば、楽になれるかな」

車を止めて道路沿いの堤防に座り、僕は流氷が漂う厳冬の海を見下ろしていた。

凍った海風が頬に吹きつける。

「やっぱり冷たいよな。死んだら親は悲しむだろうな。残された借金はどうなるだろう」

風が痛くて体がギュッと固まる。指先一本さえ動かせない。何十分もじっとしていた。でも頭の中では、さまざまな考えが暴れ回る。

相談できる相手などいない、こんなカッコ悪い自分を人にさらすなんてできるわけがない。どうしていいかわからない。このまま死んでしまいたい、でも……。

「ああ、僕は死ぬ勇気さえないのか」

そう思ったとき、わかった。これが、絶望というものだと。

絶望は、スマホの着信音とともにやってきた。

今日、僕は妻のミカと、実家に新年のあいさつに行った。毎年1月2日に、二人で僕の実家を訪れるのは恒例行事だ。午後、友達と会うと出かけたミカを見送って久しぶりにくつろいでいると、スマホが鳴った。非通知だ。

「正月に何だろう」と出てみると、相手は、僕の経営する美容院スタッフ、Mの妻だと名乗った。そしていきなり、かたい声でこう言った。

「あなたの奥さん、うちのダンナと浮気してますよ」

僕が即座に思ったのは「Mの奥さん、やっぱりメンタルやられてるんだな」ということだった。Mは、美容院でもナンバー3のポジションでお互いにプライベートなこともざっくばらんに話す関係だ。彼は日頃から、「うちのヤツ、ちょっとメンタルが弱くて」とこぼしていたのだ。

僕は「とにかく本人に確かめてみますから」と電話を切り、「しょうがないな」と思いながらミカに連絡した。そして、2コール目で出たミカに聞いた。

「あのさあ、Mの奥さんから電話が来て、ミカとMが浮気してるって言うんだけどさ……」

少しだけ間があった。その後、ミカは驚いたふうもなく言った。

「えっ、バレた?」

「……バレたって、浮気してたってこと?」

「えっと、そういうこと」


こんなとき、何を言えばいいのだろう。

「わかった。明日話そう」とだけ言って電話を切った。もともと今日は、僕だけが実家に泊まる予定だった。

「どうしたの? 顔が青白いよ」と言う母親の声に「大丈夫」と答えて家を出る。

頭を冷やそうと車を走らせ、着いたのが海だった。

車を降りると、風が吹きすさぶ灰色の海を真っ白い流氷が覆っていた。

役に立たなかった 1億5000万円の自己投資

あまりにもショックなことがあると、怒りも悲しみも凍りついてしまうのか。

ただ放心状態で、海を見つめた。

なぜ、こんなことになってしまったのだろう。ぼんやりと考えた。

とにかく、僕は成功したかった。18歳で美容師になったときの月収は8万円。そこから必死で勉強し、ロンドンで2年間修業したあと、27歳で美容院を開業。順調に業績を伸ばし、2年で3店舗まで拡大。

32歳で5店舗を経営するようになり、何十人ものスタッフを抱え、札幌の美容業界で一目置かれる存在になった。

開業すると面白いくらい収入が上がりつづけ、多いときは月収８００万円になり、お金がどんどん貯《た》まっていった。人とのつながりもビジネスも、どんどん拡大していった。

「もっとすごい存在になりたい」

「もっと成長したいし、事業もまだまだ広げたい」

そう思って、国内外のビジネスセミナーや自己啓発セミナー、経営コンサルティングやコーチング、ＤＶＤや教材などに投資。世界ナンバーワンといわれるコーチがいれば何百万円もかけてセミナーを受け、大物コンサルタントと数千万円で契約。

総額1億５０００万円の自己投資を行った。

人から「佐田さんって、野心家ですね」と皮肉交じりに言われて、「まあね」と笑っていた。だって、実際そうなのだから。

しかしいま、莫大《ばくだい》なお金をかけて学んだことは、何一つ役に立たなかった。

事業が大きくなればなるほど売上は増えるが、経費も増えていく。事業拡大のための銀行からの借り入れも相当な額になっていた。プレッシャーも大きくなり、眠れない日が続いた。

でもこのストレスをクリアしたら、喜びが待っている。時間もできるしお金も増える。仲間だって増える。そう思っていた。

おしゃれな服、高級車に高級時計、いい家、一流レストランでの食事。人がうらやむような自分でありつづけるため、成功の証明のために散財した。いつも時間に追われ、お金に執着してヒリヒリしながら。

気がついたら、世界でもっとも大事な人のはずだったミカに裏切られていた。

……僕はいままで、何のために必死で走りつづけていたのだろう。

予想外の孤立と転落

「事情を知ってる人もいると思うけど、今日ここにMはいない。辞めてもらうことになった」

　1月4日、仕事始めの社長あいさつ。

　新年の経営計画や目標を語ったあと、「最後に一つ、いいかな」と前置きして僕はそう言った。そして、「どうせわかると思うから」と、Mとミカのことを説明し

「個人的なことで騒がせてすまない」と謝った。

じつは、二人のことは「公然の秘密」だったのだ。昨日マネージャーに電話で事情を話したら「ああ、みんな知ってましたよ」と言われた。僕だけが、蚊帳《かや》の外だった。

スタッフの前で話したそのとき、僕は同情してもらえると思っていた。「奥さんに浮気されて、社長かわいそう」と。でも違った。

その日以降、社内に微妙な空気が流れはじめた。

「なんだか、社内でこんなことが起きるって気持ち悪いよね」「やっぱりMさん、辞めちゃったんだね」。そんな会話が耳に入るようになり、スタッフが次々に辞めはじめた。毎月、5、6人ずつ。この機会を狙っていたかのように、後輩を数人引き連れて出ていく者もいた。

人がいなくなると、その分だけ売上も下がる。

毎月、右肩下がりに入金は減るのに出金はさほど変わらない。店舗拡大のために受けた融資の返済だけで、毎月300万円ほどあった。

規模を縮小したかったが、手持ち資金がなければ店を閉めることもできない。借りていた店舗をもとの状態にして返すには、まとまったお金がかかるからだ。その余裕は、会社にはなかった。

以前のように求人広告費を潤沢に使えるわけでもなく、それでもと、なんとか求人を出しスタッフを募集しても反応は鈍かった。

店の勢いが落ちると情報が出回るのも早い。それまで業界注目の若手経営者だった僕に寄ってきた人は、見事にフェイドアウトしていった。

ミカとMの関係は終わったが、夫婦関係はこじれたままで家庭内別居状態が続いていた。浮気を水に流せるほど僕の心は広くなかったし、子供がいない僕たちには「子供のために〝元サヤ〟に収まる」という選択もなかった。かといって、離婚する気力もない。なるべくお互いに顔を合わさないように暮らし、言葉も交わさない日々だった。

実際、目の前で自分の会社が急な坂を転がり落ちていくのだ。正直な話、会社のことで頭がいっぱいだった。

リーダー論、マーケティングの最新手法、セールスの極意、心理療法にポジティブシンキング。お金に糸目をつけずに学んだことは、どれ一つとして使えない。「ポジティブに考えろ」と言われても、できないから困っているのだ。

奈落の底には、奈落があった

ビルの窓から外を見下ろす。「ここから飛んだら痛いかな」と思う。

親に用事で電話をかける。「これが最後になるかも」と鼻の奥がツンとする。

ひもを手にする。「これ、体重を支えられるかな」と考える。

でも、死ねない。どうしよう、どうしよう……。

ピリピリしている僕に、誰も近づかない。たまに「大丈夫？」と気遣ってくれる仲間もいたが、社交辞令のようなものだ。「ありがとう」と返しながら、心はますます孤独になっていった。

ふと、メンタルクリニックやカウンセリングに行くことも考えたけれど、医療業界には自分の店のお客さんや飲み仲間の知り合いも多い。すぐに噂《うわさ》になるのはわかっている。弱みは絶対に見せられなかった。

お金は減りつづける一方だった。人がうらやんだ限定物のブランド時計も、町中でよく振り返られた外車も、現金化できるものはすべて手放した。

こんなの、ありか。

あれだけがんばってお金を手にしたのに、何の意味もなかったな。

一度、奈落の底に突き落とされたと思ったけど、その下には、まだ奈落があった。どこまで傷ついて、どこまで落ちたらこの奈落は終わるのだろう。誰か、答えを教えてほしいと真剣に願った。

その年の7月、かろうじて残っていたメンバーがごっそり辞めることになった。

これで、8月からスタッフが二人になる。創業当時からついてきてくれたナンバー2のマネージャー仲二と、僕にあこがれて一緒に働きたいと入社したトオル。

そう、たった二人だ。

あと数か月もすれば、資金はショートするだろう。もうこれ以上、借り入れはできない。自己破産して、二人には条件のいい他の美容院に移ってもらった方がいいだろう。

「残ってくれてありがとう。でも、二人のことを考えたらここが潮時かもしれない」と僕は言った。

「社長はどうするんですか」

「わからないけど、なんとかやってくよ」と答えると、「僕らは、ここに残りますよ」と伸二がきっぱり言った。

そして、「大丈夫ですよ、なんとかなりますって！」と笑った。

その横で、トオルが口を真横に結び、2回うなずいた。

すべてをかけて、インドへ

二人のためにも、ここでふんばるしかない。

この船に残ってくれた二人を、おぼれさせるわけにはいかないじゃないか。

そのためには、僕がおぼれていてはダメなのだ。自分がおぼれていたら誰も助けることはできない。

そう考えはじめたとき、ふと、以前誰かから聞いたことを思い出した。


「インドに、すごいグル（指導者）がいる」

「そのグルは聖者でありながら、世界的なビジネスをいくつも動かす億万長者で、精神的な教えを広めている」

「グローバル企業のCEOや政府機関の要人、ハリウッドスターなども、グルの教えを受けに集まってきている」


僕は、その聖者に会いたいと思った。一般的に聖者というと、俗世を捨てて山奥で暮らし、滝行や断食や瞑想《めいそう》などストイックに修行しているというイメージがある。そんな生活は、絶対に嫌だ。

でも、そのグルは世界を飛び回るリッチなビジネスマンで、噂によるとテレビ局やスポーツチームまでもっているという。

初めて聞いたときは、「そんな人もいるんだ」としか思わなかった。しかし八方ふさがりのいま、グルに教えを請《こ》いたいと強烈に思った。


グルに会うには、インドで12日間のセミナーに参加しなければならない。渡航費とセミナー参加費を払えば、通帳の残高は、限りなくゼロに近くなる。だが、残ったお金に執着して手をこまねいていても先は見えている。それに、いま行かなければ、8月からは長期滞在などできない。

いや、正直に言おう。「もう何も考えたくない。現実から逃げてしまいたい」という思いがあったんだ。

僕は、毎日苦しくて、死にたくて、生きているのがつらくて仕方なかった。そんな思いもすべて抱えてインドに旅立った。

「いま、僕が教えを請う人は、この人しかいない」という直感だけに従って。

2

富をもっていても不幸なセレブたち

すべてを決めるのは
「苦しんでいる状態」か
「美しい状態」か

苦しみから逃れられないセレブたち

「私の居場所は、ソファの上にしかないんです」

8つの寝室と大きなレセプションホールがある豪邸に住むという初老の女性が言った。

不動産投資で大成功した彼女は事業からリタイアしたあと、モナコにあるその家で、やることもなく一日中ソファに座って過ごしているという。

財産分与でもめて家族がバラバラになり、家には子供たちさえ訪れてこない。

「孤独でおかしくなりそうです」と、顔を覆った。

「毎日、心が休まる暇がありません」

マッチョな体つきの男性が訴えた。

アメリカの金融業界では超有名人という彼の家の敷地内には、2つのテニスコートとゴルフコースがあるらしい。

しかし彼は、一度家に出たゴキブリに日々おびえている。そしてつねに、持ち株の値動きに神経をとがらせている。たくましい体に似合わない生気のない顔だ。彼の抱えるストレスの大きさを想像した。

大企業の経営者、投資家や資産家、著名なスポーツ選手や俳優……。ホールには、100人ほどいただろうか。世界中から集まってきたセレブが、口々に心の内を明かしていく。

デリーから国内線に乗り換えて2時間半。そこから車で2時間ほどで、グルのもとに着いた。

熱気と喧騒《けんそう》とさまざまな匂いの中を移動して、ようやく「その地」にたどり着いたとき、こういうところを聖地と呼ぶのだろうと思った。それほど静かで、心が落ち着く場所だった。

滞在中、参加者は白かオフホワイトの服を着るように定められていた。

微妙に違うとはいえ、みんなが白っぽい服を身にまとっていると、年齢も性別も国籍も関係なくなってくる。職業も地位も財産も意味をもたなくなる。「ひとりの人間」になった参加者が自分の内面を告白していくのを聞きながら、僕は思う。

どんなにお金があろうと、どれほど事業がうまくいっていようと、人の悩みは変わらないのだ。

「もっとお金があれば」「もっとビジネスが成功すれば」とずっと思っていた、いままでの僕は何だったのだろう。

結局、外見やもっているものや住んでいるところが違っても、人の本質は変わらない。

苦しみはどこまでもついて回るのだろうか。

その疑問に答えてくれたのが、グルだった。

この世には「苦しんでいる状態」か「美しい状態」かしかない

初めてグルと会ったときのことを、いまも強烈に覚えている。

グルがホールに入ってきたとたん、空気の密度が急に濃くなった。

世界的に有名な講師や講演家に何人も会ってきたけれど、その誰にも似ていない。威厳があり、同時に親しみやすさもある。穏やかな笑みを浮かべつつ僕らを見回したグルの目は老師のようでもあり、いたずら盛りの少年のようでもあった。

この世の中には、2つの状態しかありません。

一つは、苦しんでいる状態。

もう一つは、美しい状態。

人は毎瞬毎瞬、この2つのどちらかの状態で生きています。

第3の状態はありません。

苦しんでいる状態とは、他人との比較や恐れ、怒りや悲しみ、執着などを抱えている状態です。

裕福な人や社会的に成功している人でも、苦しみを抱えている人はたくさんいます。

美しい状態とは、愛や喜び、感謝にあふれている状態。

穏やかさに満ち、心は平安で日々成長している。

そういった状態です。

すべての富は、美しい状態から生まれます。

富が生まれれば、時間からも自由になれます。

しかし美しい状態でなければ、たとえ一時的に富を得たとしても、それを維持することはできません。

だから、まずは自分の内側に意識を向けること。

外側の現象ではなく、自分自身を美しい状態にすることが大切なのです。

グルの教えを聞きながら、僕は過去の自分を振り返っていた。

すべての富は、
美しい状態から
生まれる。

成功するために、いままで必死で走りつづけてきた自分は、いつも「外側」にしか興味がなかった。

僕にとって大事なのは、自分が人からどう見られているか。どれだけ人に勝てるか。そのために惜しみなくお金を使った。

そしていま、僕はすべて希望とつながりを絶たれ、苦しんでいる。

グルは、「美しい状態」こそ、目指すべきものだと言う。

美しい状態。皮肉なことに、それこそ僕が目指してきたものだ。

この世に美を増やしたくて美容師になった。

ヘアスタイルが変わるだけで、そこに光が集まったかのようにその人の表情がパッと輝く。その瞬間を見るのが僕は大好きだった。だから、最高の技術で最高のスタイルに仕上げてあげよう。いつも、そう思ってハサミを握った。

人をきれいにすることで、幸せな暮らしや美しい人生を手に入れてほしい。その願いを実現するためにこの仕事を選んだ。

そんな人間が、自分自身は美しく生きていないなんて笑い話だ。

美しいとは、愛や喜びに満ちた、感謝の状態。安心・安全、平安を感じる状態だとグルは言う。

そういった状態は、いまの僕からほど遠いところにある。

まずその事実を僕は受け止めなければならないのだろう。

人間がもつ3つの固定観念

僕たちが美しい状態で生きられないのは、人間がもっている3つの固定観念のせいだ、とグルは言う。

固定観念とは、簡単にいえば「思い込み」のこと。

僕たちは、自分、他人、そして人生に対して、それぞれに思い込みをもっている。

それは、たとえば海の水をコップ一杯すくって「これが海だ」と言っているようなものだ、と。誰もがその「コップ一杯」の水を、自分や他人、人生として定義してしまう。

「自分はこういう人間」「自分にはこれが限界」と決めつける。

実際は、コップの外に広がる海のように、誰だって無限大の可能性をもっているのに。

他人に対しても同じだ。「あの人はこんな人だ」と決めつけてしまう。

本当はみんなさまざまな側面をもっているのに、相手を自分の固定観念の中に閉じ込める。パートナーに「あなたって、こうよね」と決めつけられたら「自分には別の面だってあるのに」とイラッとするし、悲しい気持ちにもなる。

逆に、僕が人を「こうだ」と決めつけて、相手を不快にしたり傷つけたりしてしまうこともあるだろう。

また僕たちは、「人生ってこんなものだ」と思い込んで自分を狭い枠に閉じ込め、その中で生きてしまう。

固定観念から解放されない限り、本来の可能性を生きられない。

しかし固定観念から解放されると、まるで違う風景が見えてくる。

さまざまな制限が外れ、日々の出来事がもっとあざやかで喜びに満ちたものになり、毎朝、起きるのが楽しみになる。

自分に対する思い込みから自由になり、人の新たな面を発見できたり、相手の本質をより感じられたりするようになる。相手と深くつながれるから、パートナーや家族との絆《きずな》が深まり、周囲との関係もよくなる。

それだけじゃない、社会とのつながりや仕事の幅も広がる。

その結果、大きな富を引き寄せることができる。固定観念という檻《おり》から抜け出せば、至福や喜びの中で生きられるようになるのだ。

そういった至福や喜びの状態で生きていると、奇跡やシンクロニシティが起こりはじめ、それまでは思いもしなかった人生を歩める。

「本当の自分」を生きるとは、海のような広がりと自由の中で生きることであり、そうした状態こそ美しい。

悟った王様にはすべてが集まり出す

でも、なぜ内側を美しい状態にすれば、富が集まるのだろう。
僕の心を読んでいたかのように、グルが言った。

　悟った王様にはすべてが集まり出すのです。

悟った王様は自分の内側から力があふれ、心に苦しみがなく、愛と感謝に満ちた状態。だから、ひとりでにすべてのものが引き寄せられ、集まってくるのだという。

なぜなら、**この世界では、内側の状態が外側に反映されるという法則があるか**

悟った王様には
すべてが
集まり出す。

らだ。

外側の現実が豊かだから、内側の心が豊かになるのではない。その逆だ。内側に苦しみがなく満たされているから、外側の現象も満たされていく。

だから、悟った王様は、自ら動いてお金を得ようとしたり権力を誇示したりしなくても、つねに豊かなのだ。

悟った王様になることを、グルは蝶《ちょう》と森のたとえで教えてくれた。


もしお金が蝶だったとしたら、どうやって蝶を捕まえるでしょうか。

虫籠と虫捕り網を持って、蝶のいる場所を探し回りますか？

すると一日中走り回っても、徒労に終わるでしょう。素晴らしい道具を用意し、虫を捕る技術を磨いても、蝶はヒラヒラと逃げてしまいます。

蝶を捕まえたければ、豊かな森を作ればいいのです。

森の木々に美しい花が咲けば、蝶は自然に集まってきます。

たくさんの花々が咲き誇れば咲き誇るほど、多くの蝶がヒラヒラと舞い集うのです。

蝶は花々を巡って花粉を運び、豊かな果実が実ります。
熟れた果実は地面に落ち、新たな木々を芽生えさせ、さらに豊穣《ほうじょう》な森が生まれます。そうやって豊かさはどんどん大きくなりながら循環していくのです。

森を作るとは、苦しみを手放して自分自身を美しい状態にすること。

そうすれば叡智《えいち》とつながり、人格が磨かれ、才能を発揮して自分の内側から湧き出る情熱に従って生きられる。その結果、たくさんの富が自然に集まってくる。

しかし「悟る」というと、なんとなくハードルが高い。

高尚な気づきを得たり、哲学的な思索を深めたりしなければならないのか。あるいは、欲や執着を捨てる必要があるのか……。

王様と少年——すべてが手に入る秘密

僕の不安を察したのかグルは、「悟るとは、苦しみから自由になること、そのためには、まず自分の内側に目を向ける必要がある」と説明し、こんな話を語り出した。

王様と少年

莫大《ばくだい》な富と成熟した精神をもち、民からの尊敬を集めている王様がいました。

ある日、そんな王様にあこがれた少年がやってきました。

「僕は、あなたのようになりたいのです。その方法を教えてください」

王様は言いました。

「よかろう。ではこれから、ランプに火を灯《とも》して頭の上に載せ、この城の部屋をすべて見て歩きなさい。ただしその間、ランプの火を消してはいけないし、皿から一滴の油もこぼしてもいけない。それができたら、最後にすべてを手に入れる秘密を教えよう」

少年は、王様の言葉通りランプを頭に載せました。

そして、火を消さないよう、一滴の油もこぼさないよう細心の注意を払いながら、城の中を見て回りました。

広い城のどこかに秘密が隠されているのかもしれないと、注意深く探します。

しかし、どこを探しても答えになりそうなものはありませんでした。

王様のもとに帰った少年は、少し苛立《いらだ》ちながら聞きました。

「どうして、こんなことをさせたのですか？」

王様はそれには答えず、こう尋ねました。

「なぜ、お前はランプの火を消さず、また一滴の油もこぼさず帰ってこられたと思う？」

しばらく考えて少年は答えました。

「それは……。ずっと自分の中心に意識を向けていたから。自分の内側を意識していたからです」

王様は満足そうにうなずき、「それが、秘密だよ」と言いました。

「つねに自分の内側を見て、何が起きているかを観察すること。そして、その観察に従って、外側に対して責任ある行動をしていくこと。それが、すべてのものを手に入れる方法なのだ」


グルの教えを聞きながら、過去の自分に思いを巡らせていると、ひとりの男が手を挙げた。

横峯大吾だ。セミナーには日本人も10人ほど参加していたが、中年やシニア層がほとんどの中、30代は僕と彼だけ。だから、あいさつを交わす間柄にはなった。だが、線が細くちょっと近づきがたい雰囲気の彼とは、まだ親しく話したことはなかった。

指名されてスッと立ち上がった大吾は、よく通る硬質な声で言った。

「教えてほしいのですが、お金はあるのに自分はいつまでも満足感を得られない

自分の内側を見て、
何が起きているかを
観察すること。

し、幸せも感じられないのです。それはなぜでしょうか」
どストレートな質問だ。先ほど、孤独や虚無感、不安を訴えていた参加者たちも身を乗り出すようにして、答えを待った。

富には8つの鍵がある

グルは優しい眼差《まなざ》しを大吾に向け、こんな話をした。

幸せに生きるには、十分な富を手にする必要があります。
ただし、富とはお金だけを指すのではありません。
富には、次の8つの鍵があるのです。

一つは、知恵、叡智です。
よりよい人生を生きるには、情報や知識だけでなく、それを活用する知恵や叡智が必要です。特に、いにしえから受け継がれた叡智を知ることは、豊かな人生を生きるうえで必須となります。

2つ目は、使命。目的をもって生きることです。

使命や生きる目的がなければ、人生はあてのない旅になってしまいます。最初は小さくてもいいから、情熱をもって取り組めることを見つけましょう。使命や目的があれば、困難や苦労に負けず、エネルギッシュに生きていけるでしょう。

3つ目が人間関係です。

多くの人が人間関係の悩みを抱えています。そしてときには、自分との関係にも悩んでいます。家族やパートナー、職場の人間関係や友人などとの問題を解決していくと、人生に愛や希望、安らぎ、幸福感が訪れます。

4つ目が子孫です。

子供は、人生にかけがえのない幸せや大切な学びをもたらします。子育ては、自分自身も成長し癒やされる行為です。自分に子供がいなくても、社会に大きな豊かさと幸せをもたらす彼らを大切に育んでいきましょう。

5つ目が、資産、お金です。

お金はとても大切なものですが、美しい状態でないと入ってきませんし、維持もできません。欠乏感や恐れ、執着をもっているとお金は入らず、お金がもたらす豊かさや幸せも遠ざかっていきます。よりよい目的のため、周囲の人のために、喜びからお金を使うと、さらに大きなお金の循環が生まれるでしょう。

6つ目が、美と健康です。

健康で美しくいられると活力が湧き、人生は充実していきます。何よりも、富がもたらす豊かさを体験するには、健康な体が必要です。自分の体をいたわり、大切にケアしていきましょう。

7つ目が、チャレンジする勇気です。
私たちは、何かに挑戦することで幸せや豊かさを手にすることができます。また、想像もしなかった未来へと進めます。小さくてもいいので新しい一歩を踏み出す勇気は、人生の可能性を開く上で欠かせないものなのです。

8つ目が、スピリチュアリティ。精神性と貢献です。
私たちは、人とのつながりや地球の恩恵の中で生き、お互いに影響を与え合っています。それらの存在に感謝し、地球や周囲に貢献して生きることが、自分も周りの人々も幸せに生きていく鍵となるのです。

これらの8つの鍵はお互いに関わり合いながら、人生に豊かさをもたらします。**すべての項目が満たされてこそ、幸せな人生といえるのです。**

大吾はその答えに納得したように大きく二度うなずき、「ありがとうございます」と言って座った。

僕は、8つの鍵を反芻《はんすう》した。そして、自分で自分を笑いたくなった。

見事に、お金以外は重要視してこなかったと気づいたからだ。

もちろん、人とのつながりや家族は大事だと思ってきたし、美を追求することは僕の人生の大切なテーマだった。

英語もロクにできないのに単身ロンドンへ渡って一流サロンで学んだり、20代で起業したり、チャレンジだって誰よりもしてきたという自負がある。

それに、知恵を学びたいからこそ、尋常でないほどのお金を注《つ》ぎ込んで勉強もしてきた。でもそのベースには、お金こそが重要で、「お金さえあれば願うものが何でも自動的に手に入る」という幻想があった。

それが、僕の人生を動かしていた信念だったのだ。

富には、

「知恵」「使命」「人間関係」

「子孫」「資産」「美・健康」

「チャレンジする勇気」

「スピリチュアリティ」の
8つの鍵がある。

「もっと、もっと」という苦しみ

お金にこだわってきたのは、家がそれほど裕福でなかったからかもしれない。子供の頃から、とにかくお金を稼ぎたいと願っていた。お金があれば、親に楽をさせてあげられるし、欲しいものが自由に買えると思っていた。

美容師になり、死にものぐるいで働いてここまで来た。

最初の給料が８万円だったときは、わかってはいても「こんなものか」と正直がっかりした。

しかし朝から晩まで働きつづけ、全力で技術を磨き、店の掃除から接客まで、誰よりも速く、誰よりも完璧にこなした。いつか、この努力が報われると信じていたからだ。

30万円、50万円、１００万円と給料が増えていくたびに、自分には価値があるとうれしくなった。

経営者になって動くお金も増え、大きなストレスがかかるようになっても、それが成長につながると自分を信じ込ませた。セミナーや講演会に飛び回り、事業を拡大するためにそれまでよりハードに働いた。

夜は夜で街へ繰り出し、スタッフや取り巻き、経営者仲間を引き連れて派手に飲み歩いた。仲間と高級ワインやシャンパンを調子に乗って飲んでいたら、請求書が400万円だったこともある。

誰もが当然のように僕が払うと思っていたから、習慣通りカードを切った。無茶な遊び方で夜の街に使った総額は、家3軒分になるだろう。

洋服や服飾品にも、かなり注ぎ込んだ。好きなブランドをシーズンごとにまとめ買いすると、すぐに一回数百万円になる。そんなブランドがいくつかあった。飽きたら、後輩やスタッフに惜しみなくあげた。

周囲から羨望の目で見られて虚栄心は満たされたが、金銭感覚が麻痺《まひ》していて、どんなに高い支払いをしても何も感じない。高級な服や時計の一つひとつが、自分の価値を示すバッジのように思えた。

さらに、パワフルに見られたかったから忙しいのにジムに通って体を鍛えた。つねに忙しいいし、疲れていたが止まるわけにはいかない。もっと突出しなければ、もっと稼がなければ、もっと寝なければ、もっと栄養のあるものを摂《と》って健康にならなければ、もっと仲間を見つけなければ……。プレッシャーは日々大きくなる。どんどん眠れなくなり、どんどん不健康になり、どんどん孤独になった。

心の中では、苦しみが生まれつづけているのだから、現実もその通りになり、業績は伸びなくなる。その現実を見てイライラし、さらに苦しくなる。最悪の循環だった。

苦しみはたった3種類しかない

だがその一方で、「もっと成功したら安心できるだけのお金もできるし、自由な時間もできる」と思い込んでいた。

もっと稼げば、心が満たされる。プレッシャーとストレスの先には喜びが待っているから、がんばれる。いつか「完璧な状態」が来れば、自由が手に入り、安心・安全な状態がやってくる。そう信じていたのだ。

でも、それはすべて幻想に過ぎなかった。

グルは、苦しみにはたった3種類しかないと教えてくれた。

苦しみは、3つに分けられます。

一つは、プレ・イマージョン。

まだ起きていない未来の出来事について心配や不安をもっている状態です。

私たちは、何かを始める前からうまくいくかどうか恐れています。

また、まだやってきていない未来に関してあれこれ考え、不安や焦りを感じています。


次が、ポスト・イマージョン。

過去の出来事を繰り返し思い出し、考えている状態です。

すでに終わった出来事を「あのときあんなことを言われた」「こんな失敗をしてしまった」などと何度も振り返り、ネガティブな感情を味わっています。


最後が、リ・イマージョン。

プレ・イマージョンとポスト・イマージョンを繰り返している状態です。

過去と未来を行ったり来たりして、そのたびに悩みや心配を感じ、増幅させているのです。


3つの状態には、共通点がある。

「いま」にいないということだ。

僕たちは、本当は毎瞬、至福と喜びを感じながら、自由や安らぎを手にできる。

しかし、いまにいられなければ、やるべきタスクに集中できないし、起きている物事をありのままに見ることもできない。解決すべき問題にエネルギーを注げない。また正しい意思決定もできない。

プレ・イマージョンの状態であれば未来を憶測し、ポスト・イマージョンの状態であれば過去の情報や思い込みをもとに判断していることになるからだ。

だから、**毎瞬毎瞬、自分の内側に意識を向けて気づいていくことが大切だ。**

いまに居続けられれば、状況をクリアに見てスムーズに解決へと向かえる。また、喜びをもって集中しながら、やりたいことにエネルギーを注げる。つまり、**自分の時間が拡張していくのだ。**

僕たちが自分の内側を観察するときには、いま苦しんでいる原因は、過去にあるのか未来にあるのか、それとも過去と未来をグルグル行き来しているのかを見てみればいい。

いまに居続ける
ことができれば、
時間は拡張する。

心が騒がしく、いまにいられない状態を「モンキーマインド」という。

自分の心が、サルのようにあちこち動き回っていないかと観察する意識が重要だ。すると、「いま、昔の出来事に囚《とら》われているな」「明日のプレゼンを不安に思ってるんだな」と気づける。

そうやって気づくだけで、苦しみから一歩離れることができる。

欠乏と執着が苦しみを生む

じゃあ、その苦しみはなぜ生まれるのだろう。

人の心に苦しみを生むのは、欠乏感。そして、執着です。

「いまの自分には何かが足りない」という欠乏感から、物事に対する執着が生まれます。

執着とは、心が何かに囚われていて離れられない状態です。

過去の出来事なのに、ずっと一つのことを繰り返し考えつづけ、「同じ時間」の中にいる。同じ思いが堂々巡りして、そこから逃げられない。

執着とは、そのように脅迫的な思い込みが何回も繰り返される状態を指します。

僕はいつも人と自分を比べ「足りない」と焦り、自分の価値観で他人をジャッジして人をうらやんだり、見下したりしていた。

ふと、美容師になりたての頃を思い出した。

当時、お金はなかったけれど、一流になって美容院を経営して名を馳《は》せるのだという大きな夢があった。

あの頃は本当にお金がなくて、食費を節約するためにインスタントラーメンをモヤシでかさ増しして食べたものだ。狭いアパートで同じような境遇の友達と一つのラーメンを分け合い、「今日もモヤシ多めだな」と笑いながら一緒にすすったこともある。それでも、調味料で工夫したりと精一杯のぜいたくを楽しんだ。目

人の心に苦しみを生むのは
欠乏感。そして執着。

の前の貧しさなんて、将来への希望で気にならなかった。

通帳の残高は増えなかったけれど、頭の中では未来の華々しい自分の姿が鮮明に描かれていた。


給料が上がり、自分の給料で初めてラーメン屋に行けたときは、そのおいしさに感動した。30万円、50万円と給料が上がりつづけるうち、僕は次第に「もっと稼げる」「もっと上を目指せる」と考えるようになった。

しかし、ついに月収が１００万円を超えたとき、思ったほど満足感はなかった。もちろん、その瞬間はうれしかった。

でも「これは通過点だ」という気持ちの方が大きかったのだ。「もっと上に行かなきゃ」と猛然と思った。

そこからは、収入が上がっても満足することは一度もなかった。いつしか、「足りない」という感覚は、僕を突き動かす執着へと変わっていった。

傲慢さが分離を引き起こす

その執着は、僕と人とのつながりを断ち切っていく。気づけば、スタッフとの溝は修復できない状態になっていた。

「成長しつづける企業でなければ」と目標を掲げ、達成できなければ、彼らの立場や思いを理解しようとする前に、「もっとできるだろう。なぜやらないんだ」と責めていた。

十分ねぎらうこともなく、やる気がなかったり、スキルが低かったりするスタッフは、「ダメなやつ」とジャッジ。実際、感情的になって叱責することもあった。

美しい状態とは、愛と喜びでつながっている状態。
慈悲や感謝でつながっている状態です。
苦しみは分離を起こし、必ず苦しみで終わります。

美しい状態のものは育まれ、ずっとその状態が続きます。

グルのこの言葉に触れて、僕は初めて自分の中にある執着や欲が、人と自分を分断してきたことを知った。

お金を稼ぐことがすべてだった僕にとって、スタッフは働くコマのようなものだったのだと思う。しかも僕は、最小限の給料で、最大限働いてもらおうと考えていた。有り体に言えば、安く使ってたくさん稼いでもらおうと思っていた。

そのような行為を「傲慢」と呼ぶ。

「人に対して最小限しか与えないのに、最大限のものを受け取ろうとする行いが傲慢だ」とグルは言った。まさに自分のことだった。

もちろん、僕だってあからさまにそう考えていたわけではない。でも、そんな感覚が心の底にあったことを否定はできなかった。

傲慢な在り方から、人とのつながりは生まれない。

僕とスタッフとの間には、つながりなんてまったくなかった。僕は何をやっていたのだろう。大切なつながりを失うまで気づけなかったなんて。

僕はミカに対しても傲慢だった。

ミカと結婚したときは、「自分がこの人を幸せにしなければ」と強く思った。

時代錯誤かもしれないが「女性を幸せにするのが男の役目」といった思い込みがあったのだ。

僕が思う「幸せ」とは、ぜいたくができ、人からうらやましがられるような生活をすることだった。だから、人よりいい家に住んで、いい生活をさせてあげることが、ミカを幸せにすることだと信じ、がむしゃらにがんばった。

でも、与えれば与えるほど、喜んでもらえればもらうほど、「まだ足りない」と思ったし、もっと感謝してほしいとも感じた。

それは、「自分の力を見せつけたい、敬われたい、いばりたい」と心の奥底で思っていたからだ。そんな態度は人に伝わる。ミカに引け目や劣等感を抱かせていたに違いない。

自分が恥ずかしく、情けなかった。

僕らは無免許で人生を走ってきた

ホールを出ようとする大吾に追いつき、思い切って声をかけた。

「横峯さん、ありがとう。さっきしてくれた質問のおかげで、大事なことに気づけたよ」

大吾は僕の顔を見ると、「ああ」と小さく微笑《ほほえ》んだ。そしてこう言った。

「佐田さん、俺さ、いままで無免許運転で生きてたわ」

「え？」と聞き返す。

「どう生きればいいか、いままで誰も教えてくれなかったし真剣に考えようともしなかった。自分がどこに行きたいかもよく考えず、自分という車の扱い方も知らずにいた。それって、無免許で人生を走ってきたようなものだ」

「確かに……。僕も無免許運転だったから、奥さんに見限られたんだな」

ついポロッと心の声がこぼれ出た。

それまでの僕なら、人に弱みを見せることなど考えもしなかっただろう。でも人生を変えに来た特別な場所で、わざわざ取りつくろう必要はないと感じた。

それに話してみると、ひょうひょうとした大吾の雰囲気に親近感が湧いて、思わず素直な言葉が出た。

大吾は少し考え込むように目を細め、それから優しく言った。

「そうかあ、日本に帰ったら、美しい状態で奥さんと向き合えるといいね」

部屋までの道を並んで歩きながら、僕たちは話した。

「うん。ここで学んだことをいかして、ちゃんと話してみるよ」と僕は言った。

しばらく黙って歩いたあと、大吾が静かに口を開いた。

「そうだな。行き先を決めて運転の仕方を学ばないと、どこにもたどり着けない」

僕はうなずきながら、「確かに。僕もいままでは、ただやみくもに突っ走ってきたよ」と答えた。

大吾は微笑んで、「ここにたどり着くまで長かったなあ」としみじみつぶやいた。

「でも、新しい目的地はもう決まったな」僕は言った。

「あぁ、決まった。悟った王様だ」と大吾。

僕はその言葉に付け加えることを忘れなかった。

「そして、ベンツに乗ったブッダになることだ」


僕らはそれぞれの場所でもがきながら、来るべくしてインドにたどり着いた。

そしていま、生まれ変わろうとしている。

「IT関係の会社を経営している」とだけ自己紹介した大吾が、じつは日本で知る人ぞ知るデジタルコンテンツ企業の中心メンバーであることを、僕はあとから知る。


のちに僕らは、「大吾」「直斗」と呼び合う唯一無二の関係となる。お互いに響き合う思いをもった学びの仲間として。

ハートが下した決断

インドへ向かった僕には、経営立て直しの他に、解決しなければならない大きな問題がもう一つあった。

そう、ミカとの関係だ。

浮気発覚後、半年以上も離婚を決断できなかった理由の一つは、仕事をしていなかったミカとすぐ別れるのは突き放すようで気が引けたからだ。

しかし、もう一つの理由の方が大きかった。もしかすると、ミカを許してやり直せるかもしれないと思っていたのだ。

悪いのはミカだけではない。僕だっていつも遊び歩いていたし、ミカに寂しい思いをさせた。インドへ行ったのは、ミカとの関係を見直したいという思いもあったからだ。

もっと本音を言えば、何が正しいのか、インドへ旅立つ前の僕にはまったくわからなかった。

だから、グルに尋ねた。「正しい決断って何ですか?」と。

グルは「**正しい決断は、美しい状態にあることから生まれる**」と教えてくれた。考えれば、当然の話だ。自分が苦しんでいるのに、正しい決断などできるはずがない。グルは、「ハートで感じることが大切だ」とも言った。

私たちのハートは、脳よりも優れたコンピュータです。ハートは4万から7万の神経細胞で構成されていて、脳が自己防衛やエゴのおしゃべりで忙しい間に、ハートはすでに答えを出しているのです。

脳は、過去の出来事を分析したり、常識を参考にしたりして答えを出そうとします。**でもハートは、あなたが問いかけた瞬間、あなたの脳(マインド)が答えるよりも早く答えを出しています**。

だから、ハートを目覚めさせましょう。ハートが目覚めた状態になるには、美しい状態でいることが大切です。

ハートは、
問いかけた瞬間、
脳が答えるよりも
早く答えを出す。

インドから帰国した当日、僕は家に帰らずホテルに一泊した。
ミカに会う前にひとりで心を落ち着かせ、今後二人の関係をどうしたいのか、自分の内側を感じてみるためだ。

ミカと一緒にいることで、僕自身が苦しい状態にあるのは明らかだった。でも苦しいのは僕だけではない。その状態のまま夫婦関係を続ければ、結局、ミカにも同じ苦しみを与えつづけることになる。

結論は、すぐに出た。拍子抜けするほどスッキリと。答えはすでに自分の中にあったのだ。それを見る勇気がなかっただけだ。

ホテルを出るときに「話がある」と連絡していたので、ドアを開けるとリビングのソファでミカが待っていた。緊張しているのか、顔をこわばらせている。なんか月かぶりにミカの顔をまっすぐ見る。胸がギュッと締めつけられた。
ミカと、テーブルをはさんで向き合った。

「ミカ……。僕たち、もう無理なんじゃないかと思ってる」

思い切って切り出すと、うつむいたままのミカの肩がわずかに揺れた。彼女も同じことを考えていたのかもしれない。短い沈黙のあと、僕は続けた。

「もしかしたらやり直せるかもしれないと思ったけど、このままじゃダメだって、気づいたんだ。お互いをよけい苦しめるだけだって」


夏の終わりの夕暮れが近づいていた。西日が、ミカの肩先を照らしている。

「ミカが悪いわけじゃない。僕はプレッシャーから逃げて、毎日遊び回ってた。経営者として、夫として完璧な男でありたくて、カッコ悪いところを見せたくなかった。だから、ミカと腹を割って話すのを避けていたんだ。もっとちゃんと話し合えばよかったのに。だからこうなったんだ」

ミカは、少し震えた声で答えた。

「直斗、ごめんね。私だって、ちゃんと向き合うべきだったんだよね……。でも、あのときはどうすればいいのかわからなかった」

ミカが顔を覆って、ワッと泣き出した。

本当の姿で向き合えた二人

ミカのその姿に思わず涙が込み上げてきた。過ごしてきた楽しい時間が涙と一緒にあふれ出してくる。ミカの前で泣いたのは初めてだった。

「直斗を傷つけた私が去らなきゃいけなかったのに……。もしかしたら、もとに戻るんじゃないかと期待して、直斗に依存してた。ごめんなさい」

僕も、心の奥にあった思いを洗いざらい話した。

自分がミカを救ってあげているというおごりがあったこと。その優越感が中毒のようになっていたこと。比較から生まれる優越感も劣等感も、まったく無意味なのに……。

ミカも、将来が見えなくてつらかったこと、寂しかったこと、無力感があったことをポツポツと語ってくれた。

お互いに本音で話すうちに、自分の本当の姿が見えてきた。

自分が与えていると思うことで自尊心を保とうとしていた自分。相手を見下していた傲慢で意地悪な自分。そして、傷ついていた自分。

ずっと真実から目を逸《そ》らし、プレッシャーから逃げ、自分の弱さを認めたくなかった。でもミカとの関係が崩れることで、真実と向き合わされた。

結局、内側の苦しみが現実になって現れていただけ。

シンプルな話だったんだ。


ミカの気持ちを何一つ理解していなかったとようやく気づき、また涙が出てきた。僕は初めてミカの立場に立って考えた。Mと会って、どういう気持ちで家に帰ってきていたんだろう。罪悪感もあっただろうし、悲しみもあっただろう。将来への希望みたいなものもなかっただろうし。彼女の罪悪感、悲しみ、絶望。すべてが鮮明に見えてくる。

僕に話そうにも、とうてい言えるような関係ではなかった。

「ミカ、ごめん」と言うと、彼女は涙を拭きながら、小さく首を横に振った。

窓の外では、いつの間にか夜が始まっていた。肌寒い空気に秋が混じっているような気がした。

このとき、僕たちは初めて本当の意味で向き合えたのかもしれなかった。お互いに傷が癒えるには時間がかかるかもしれない。でも、癒えるための第一歩を踏み出せた。それだけでも、この関係はけっして無駄ではなかったんだと、僕は思う。

次の朝、ミカは引っ越しの準備を始めた。

僕たちの関係も新しいステージに入るのだろう。それがどんな形になるにせよ、誠実に向き合っていくしかない。

進む道は分かれるが、ミカが大切な相手であることに変わりはないと思った。

3

人のトラブル解決ばかりに時間を使う人生

呼吸を整え、
内側に目を向けたことで
起きた奇跡

何のために生きていけばいい？

俺は、いったい何のために生きていけばいいんだろう――。

こんな青臭い問いが心に浮かび上がってきたのは、グルに会いに行く3か月ほど前のことだった。

「横峯さん、あなたはこのまま行くと、鬱が再発する恐れがあるのでしばらく休養するように」と、ドクターストップがかかってからだ。

大学2年でデジタルコンテンツの会社を立ち上げて32歳になるまで、会社を成長させるため、社員や仲間のため、お客さんのため、つねに「やるべきこと」が目の前にあった。

起業したのは、先に会社を興していた先輩の河田さんが「大吾、そのコンテンツ、いまリリースすれば必ずヒットする。会社を作りなよ」と勧めてくれたからだ。

すでにＩＴ業界の風雲児として名を馳《は》せていた先輩が、俺の開発した携帯電話のデジタルサービスを評価してくれたのはうれしかった。

「本気ですか？　俺、そんな大きなことできる気がしないんですけど……」と言うと、河田さんは首を振った。

「大吾は絶対サラリーマンに向いてないよ。自分でもわかるだろ。お前は自分の力をわかってない。やれるかどうかはあとから考えればいい」

その言葉に勇気をもらい、バイト代と親からの借金をもとに資本金を作り、小さな会社を始めたのだ。

自分の設定した課題や与えられたミッションをクリアするのはとてつもなく苦しかったが、それ以上に楽しかった。だから、がむしゃらに働いた。

そしてそんな日々は、すぐに十分すぎるほどのリターンをもたらした。

起業後、会社はほどなくして大手通信会社と提携。リリースしたサービスは時代の潮流を捉え、全国の若い世代に急速に普及。一大ブームを巻き起こした。社員数は増えつづけ、売上は指数関数的に上がった。

するとし河田さんが、会社を自分に売って子会社化し、共同経営者として一緒にやらないかと声をかけてくれた。ひとりで経営することに疲れていた俺にとって、それは、渡りに船の申し出だった。

俺は会社を売却し、20代前半で持ち株も含めて20億円以上の資産を手にした。その後、会社の業績は堅調に伸び、俺自身も、気鋭のデジタルクリエイター兼プロデューサー、経営者として注目されるようになった。


とりあえず、両親には都内の一等地に家をプレゼントし、自分は気分に合わせてホテル暮らしをしたり都心のマンションを買ってみたりしたが、いまは湾岸エリアのタワマンに暮らしている。

部屋を内見した日のことはよく覚えている。足を踏み入れた瞬間、窓からの眺望に息を呑《の》んだ。眼下には東京の街並みが広がり、遠くには富士山のシルエットが浮かび上がっていた。

「どうですか？」と尋ねる営業マンに、窓の外を見ながら「ここに決めます」とうなずいた。部屋の広さは120平米。独身の俺には広すぎるが、そんなことはどうでもいい。富士山の見えるその景色が、疲れた心を癒やしてくれる気がした。

しかし、その広々としたマンションで、いまどき中学生でも考えないような問いを繰り返している。

苦笑しながら、コーヒーマシンにカプセルをセットした。コーヒーを飲もうとしていたのに、マシンの前に立ったままじっと考え込んでいたのだ。

俺は、何のために生きていけばいいのか。

もう一度、考えてみる。最近ずっと居座っているこの素朴な、そして、そうやすやすとは答えの出ない問いについて……。

カップからコロンビアのいい香りが立ち上ってきて我に返る。

人気コンテンツ・プロデューサーができるまで

取材や講演でキャリアについて話すと、「若くして成功して素晴らしいですね」「順風満帆の人生ですね」などと言われるが、とんでもない。

中学生まではほとんど引きこもってゲームばかりしていた。

どんな遊びをしても、なぜかみんなと同じレベルで楽しめない。「大ちゃんが一緒だとつまらない」とよく言われた。友達より要領よくなんでもできてしまうし、考え方や言動も人と違った。わかりやすくいえば、浮いていたのだ。

これではいけないと、高校は同じ中学から誰も進学しないところを選び、やんちゃなグループと行動をともにして「キャラ変」した。でも、本質はオタクだ。ひとりでパソコンに向かう方が楽しかった。

社長になると、今度は大人との戦いが始まった。

大人は「若造」を舐《な》めてかかる。安く使おうとするし、隙あらば奪おうとする。つねに身構え、防御し、ときに先制攻撃した。早く大人に追いつこうと、いつも、自分の身の丈よりずっと上の課題やプロジェクトにかじりついた。

社内でもつねに臨戦態勢は崩せなかった。

解決すべきトラブルや課題はひっきりなしに起こる。人が増えて事業規模が大きくなると、一つの判断ミスが命取りになった。

河田さんから誘いがあったのは、そんな戦いに疲弊していた時期だった。ひとりで戦わなくていい状況が、どんなにありがたかったことか。

幸いなことに、俺たちが展開したユーザー参加型の動画配信サービスは、爆発的に広がって新たなカルチャーとなった。その総合プロデューサーとして、横峯大吾を業界で知らない者はいない。いつの間にかそういわれるようになっていた。

だが内実は、チャレンジしては挫折して、またチャレンジして……。

ジェットコースターのような速さで悪路を進む車のハンドルを握りしめ、必死に走ってきただけだ。年を取るにつれて資産は増え、社会的な信用も評価も得られるようになったし、できることが増えるのは楽しかった。

しかし、これが自分の人生なのか、生きるということなのか。

部屋の窓から夜景を見下ろすと、自分とはまるで関係ない別世界が広がっているように思えて仕方なかった。

立ち止まったときに見えてきたもの

でもいままでは、生きる意味も実感も、自分が幸せなのかどうかさえも考えなくてよかった。日々忙しく、処理すべきことはつねに山積みだった。

なにせ、キャリアも違えば価値観も年齢も違う500人の部下を束ねなければいけない。処理すべき案件も、社内外から持ち込まれる相談や依頼も膨大だった。つねに次の目標があり、次の案件があったから、やりたいことなんて考える必要がなかったのだ。

「大吾さん、プロジェクトで問題が発生したので相談に乗ってください」

「あの2社を調整できるの、横峯さんしかいませんよ」

「この企画、どうしても大吾さんの助言がいるんです」

そんな言葉に応《こた》えていると、あっという間に時間は過ぎた。

社内で起きているトラブルや課題、逃してはいけないチャンスも見えるから、それにも対応しなければいけない。睡眠時間が3、4時間あれば十分だ。1週間、1か月、1年が超高速で過ぎていった。


自分がやりたいことよりも周囲に求められること、トラブルや課題を解決することを優先していると、人はどうなると思う？　どんどん疲弊していく。

俺は精神安定剤を処方してもらうようになった。「そろそろヤバいな」と思ったら、薬を飲む。それでも限界に近づくと、最後には入院治療になった。

元気になって仕事に復帰しても、また同じことの繰り返し。

そんなパターンが3回続いたあと、医師から「入院したくないなら、仕事をしばらく休んで自宅療養するように」と言い渡された。

そうやって、起業後初めて「自分のためだけに使える時間」ができたのだ。


静まり返った部屋で、ひとりソファに沈み込む。

いつもなら、立てつづけに鳴るチャットの通知も電話もほとんど来ない。目の前のスマホが、ただの無機質な物体になったようだ。

プロジェクトの進捗状況を気にかけたり、トラブルのしりぬぐいをしたりする必要もない。人に対して使っていた時間が、パタリと消えた。

本当は、心の底で待ち望んでいた時間のはずだった。

それなのに実際、何もしなくていい時間が目の前にやってくると、自分でも意外なほど戸惑った。

孤独と不安に向き合うときが来た

この空いた時間、何に使えばいいんだ?

「自分のため」に時間を使う。たぶん多くの人にとって簡単なことだ。でもそのやり方がわからなかった。

「俺って、何がしたいんだっけ……?」

そう自分に問いかけても、答えは何も浮かんでこない。

改めて時間ができてみるとよほど疲れているのか、映画やゲームにも興味がもてなかったし、旅行に行きたいとも思わない。熱中できる趣味もない。会いたいと思う人もいない。

そしていま、ひとり暮らしには広すぎるリビングにポツンと座っている。

そのとき、初めて出会った。根深い孤独と不安をもつ自分自身に。

いつも俺を追いかけ回してきた孤独。必死で振り払おうとしてきた不安。いま、それと正面から向き合うときが来たのかもしれなかった。

でも、自分のために時間を使って、自分のために生きる。そんな当たり前のことが、俺にはとてつもなくむずかしかった。


冷めたコーヒーを前に、自分を見つめ直した。

人の悩みを解決し、仲裁に入り、知恵を貸す。そんな行為で得られる「役立っている」という感覚に酔っていたのかもしれない。それどころか、「俺はすごい」という万能感まで抱いていた。

「大吾さんの洞察力が欲しい」

「横峯さんのおかげで成功した」

そう言われると、どれほど疲れていても報われた気がした。それらの言葉で自分の価値を確認し、内なる空虚さを埋めようとしていたのだろう。

その証拠に、少しでも余裕ができると自分から問題を探し出して、なおさら忙しくなり、自分で自分を追い詰めていたのだから、あきれるばかりだ。

グルの話を聞いたのは、ジムのトレーナーからだった。

「大吾さん、僕が言うのもなんですけど、いまはフィジカルよりメンタルが大事なんじゃないですか？」

かれこれ5年以上の付き合いになるから、彼は俺の入院歴も知っている。よほど悩んでいるように見えたのだろうか。久しぶりに行ったパーソナルトレーニングで、「差し出がましくてすみません。お客さんから教えてもらったんですけど」と教えてくれたのが、グルのことだった。

「世界中のトップリーダーが、悟りを求めてインドの奥地に集まっているらしいっすよ」と言う彼に、「俺、世捨て人になる気はないから」と答える。

インドの奥地で悟りを開く？　いくら人生に迷っているとはいえ、社会から降りるくらいなら、悟らなくてもまったくかまわない。

「ですよねー。でも、そのグルは世界を飛び回って手広くビジネスをしてるんだそうです。だから話を聞いたとき、大吾さんに合いそうと思ったんですよね」

世界でビジネスをしながら、悟りについて教えるグル？

意味がわからない。でも、がぜん興味が湧いた。

時間はたっぷりある。出口のない自問自答を繰り返しているくらいなら、飛び込んでみるのもアリかもしれない。

こういうときの自分の勘を、俺は信じている。俺をいままで導いてきたものの一つだ。

くわしく教えてほしいと頼むと、「メモってたから、ちょっと待っててくださいね！」と、おせっかいトレーナーはうれしそうにスマホを取りに行った。

外の世界に振り回されてきたけれど

インドには、人生を変える教えがあった。
美しい状態から始めよ。
富には、8つの鍵がある。

そして富は、悟った王様に集まる。

俺はずっと、外の世界に振り回されてきた。周りの期待に応え、人に認められ、仕事で結果を出すこと。それが俺のアイデンティティだった。

だがいま、本当の幸せと豊かさを求めるなら、内側に目を向ける必要があると気づきはじめている。自分の心を見つめ、内なる世界を整えること。それが不可欠だ。

経営者として成功するには、確かにさまざまなスキルが必要だ。決断力、洞察力、行動力、交渉力……。

でもいま、それ以上に大切なものが見えている。自分という存在を深く知ること。叡智《えいち》を学び、心を美しい状態に保つこと。この年になって初めて、それこそが真の成功、豊かな人生への道筋だと気づけたのだ。

自分のビジョンを明確にして、心の中にある苦しみを観察してください。

自分自身が美しい状態に変われば、自然にお金という形で天からの応援が流れてきます。そして、自由で充実した時間がもたらされます。

この教えを聞いたとき、とてもロジカルだと俺は思った。

そしてそれまでの自分が、どれだけ心の内側にほとんど意識を向けてこなかったかということに気づいた。

いかに外側の出来事に対して反射的に生きてきたか、凝り固まった思考パターンや価値観で行動してきたかを知った。

俺たちは、一日に数万回という判断をしているという。そして、その判断がすべて無意識に行われていると。

「あの人に批判されて腹が立つから、見返してやろう」

「○○さんみたいになりたいから、もっと努力しなければ」

こうやって外側の現実に毎回反応し、自分の判断や行動が無自覚にパターン化されていく。しかし、**それを観察し意識的に変えていくことで、現実も変えていけるのだ。**

自分を観察することで苦しみの道を閉ざす

心を美しい状態にするのは、脳の状態を再構築するプロセスでもあるとグルは教えてくれた。

脳には、無数のニューロンが網の目のように広がっている。

怒りや悲しみなど特定の感情や考え方のクセは、このニューロンの同じ経路を繰り返し使うということだ。すると、そこに電流が流れやすくなり、同じ感情が生まれやすくなる。

脳を草むらにたとえてみよう。

たとえば、自分が草むらのど真ん中にいて、360度高い草に囲まれていたとする。これは、すべてのニューロンがつながっている状態。無限の可能性があり、どの道も選べる状態だ。

あるとき喉が渇いて、草をかき分けて進んでいくと、水にたどり着く。

この成功体験が、脳内に一本の道を作る。

次に同じ状況になれば、誰もが迷わずその道を選ぶ。

何度も繰り返すうちに、その道の草がなぎ倒されて獣道となり、やがて舗装された道路になる。これがニューロンの性質だ。


ある状況になるとき、反射的に怒りを感じるのなら、その状況と怒りを結ぶニューロンの道が舗装され、無意識のうちにその道を通ってしまうようになる。

しかし意識的に自分を観察していくと、自分の意思によってその固定された道を閉じることができる。これが「気づき」の状態だ。

ゆったりとした呼吸や瞑想《めいそう》で、望ましくない道は使われなくなり、やがて狭くなって消えていく。

だから、外側の出来事に反応して生きるのではなく、意識的になり、苦しみへの道を閉じること。しかも、それを日々繰り返すことが重要なのだ。自分の感情や思考のパターンは、けっして固定されたものではない。適切な方法で働きかけ

自分を
観察することで
苦しみの道は
閉ざすことができる。

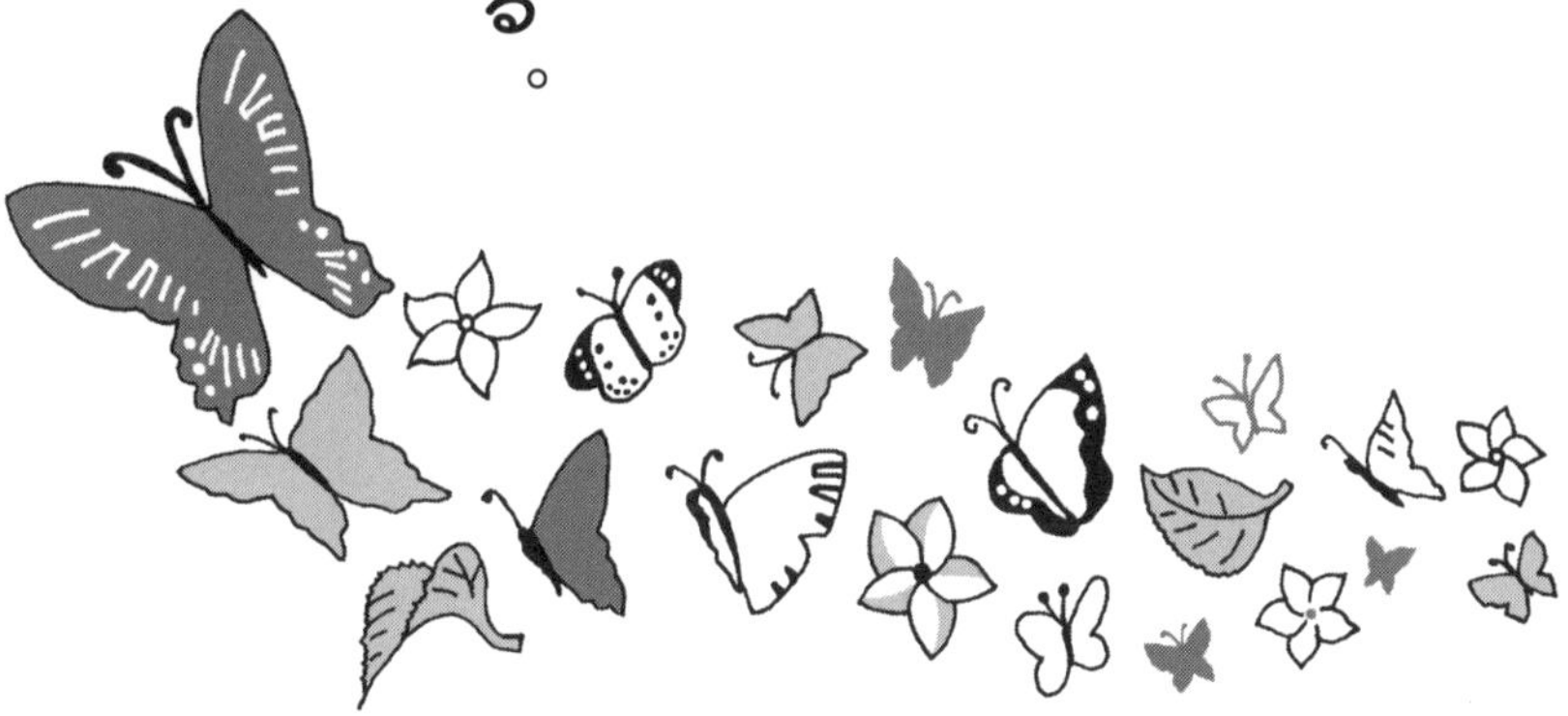

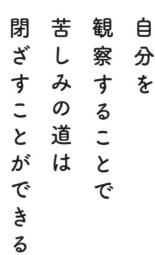

れば、自分自身で変化させられるのだ。
それが、グルが教えてくれた悟った王様になる方法だった。
そして悟った王様には、すべての富が集まってくる。

小さな火でも、いつかは家を焼き尽くす

グルの教えの中で心を揺さぶられたのが、この言葉だ。

どんなに小さな苦しみも放っておいてはいけません。
小さな炎も、燃え盛る大きな炎も、同じ火であることに変わりはないのだから。かすかな炎でもそのままにしておけば、いつかは家を焼き尽くす火事になります。

たとえ、ささいな苦しみであったとしても、見て見ぬふりをして放置していたら、燃え盛る炎となってあなたを苦しめるでしょう。

ああ、俺はどれだけ自分の苦しみをほったらかしにしていたのだろう。

小さな火を見ないようにしていたせいで、ひとりでは手に負えなくなってインドまで来ることになったじゃないか。

苦しんでいない状態で生きたいと思った。

人生を、美しい状態で過ごしたいと願った。

外側だけを見て、がむしゃらに限界まで張り詰めて生きてきた人生から降りたいと思った。


グルのもとにたどり着いた俺の前に、これから自分の進む道が延びていた。

そして、長い悟りの旅の仲間となる佐田直斗との出会いがあった。

警戒心が強く、自分から人に話しかけるのが苦手な俺に声をかけてくれたのは直斗の方だ。

話をしてみると、俺らは同い年、同じ経営者として意気投合した。

直斗の言葉遣いやふるまいは、どこか人に安心感を抱かせた。外見は、やり手の経営者という感じだが、笑うと急に幼い顔になる。こんな笑顔を久しく見ていなかったなと思った。

ずっと「無免許運転」だった俺は、人生で初めて自分の内側を変えようと決めて、インドをあとにした。

新たな目標が決まったのだから、もう休む必要はない。

職場復帰を希望すると、医師は「くれぐれも無理はしないように」と言いながらも許可を出してくれた。

会社に戻れば、さっそく溜《た》まったタスクやさまざまな相談、提案が押し寄せてくるだろう。待ってましたとばかりに、解決しなければならないトラブルや課題も持ち込まれるに違いない。

でも、もう波にはのまれない。

自分自身を観察しながら、確実に一つひとつの仕事と向き合っていこう。

そう決めて、俺は〝前線〟に戻っていった。

会議室で起きた奇跡

その日、会議室の空気が恐ろしく張り詰めていた。誰も動かない。テーブルの向こうに座る取引先の担当者たちも、俺たちもうつむいていて、さっきから誰も目を上げなかった。

チームが犯した小さなミスが、ここ数年でもっとも大きな取引を破談寸前に追い込んでいる。相手先と自分たちの会社だけでなく、海外の企業も関わっている重要な案件だ。

「契約内容を変更してもらえなければ、なかったことにするしかないですね」

先方の担当者の声が静まり返った室内に響いた。

しかし、それはかなり非現実的な提案だった。万が一、修正できたとしても3社で合意が得られるとは限らない。それは、ここにいるメンバー全員がわかっていることだった。手が汗でじっとりと湿っていく。
もし破談になれば、1年以上かけて準備してきたプロジェクトがすべて水の泡になる。会社にも相手先にも甚大な迷惑が及ぶ。絶体絶命。みぞおちのあたりがずしりと重くなる。

「トイレに行く」と告げて会議室をあとにした。
実際の目的は、ゆっくり呼吸をすることだった。
ざわざわと騒いでいる心を鎮めなければ、問題解決どころではない。
俺は深く息を吸い、静かに長く吐き出した。何度も、何度も。
そうしているうちに、心の波が少しずつ穏やかになり、瞑想状態になっていく。

呼吸に意識を向けましょう。
そうすることで、少しずつ自分の感覚を取り戻せます。
呼吸は、意識とマインド（思考）をつなぐ重要な役割を果たしています。
深くゆっくり呼吸すれば、マインドは自然と穏やかになり、意識もクリア

深くゆっくり呼吸すれば、
マインドは自然と
穏やかになり、
意識もクリアになる。

になります。

グルの言葉を思い出した。呼吸、マインド、意識は三角の関係でつながっているという。

意識や思考を変えろと言われてもむずかしいし、仮にできたとしても時間がかかる。また、それなりの訓練が必要だ。

しかし、**深くゆったりした呼吸を繰り返すだけで、自動的にマインドは変わるのだ。**

この「意識的な呼吸」は、「吸う：吐く」を「1：2」の比率で繰り返す。

たとえば、1、2と数えながら息を吸い、吐くときは1から4までカウントする。いずれもゆっくり行うのがポイントだ。

そうやって長い呼吸を繰り返すたびに意識が明晰《めいせき》になり、俺を押し潰しそうだった不安や後悔が静まっていく。それまで暴れ回っていた感情が静まり、代わりに、目の前にあるただ一つの課題だけが浮かび上がってきた。

俺を苦しめていた悩みが「課題」になったのだ。

やるべきことはただ一つ、「この問題を解決すること」だけだ。


会議室に戻ると、重苦しい空気はそのままだったが、俺の心は静かだった。

「ご提案より、もっと確実な道が必ずあるはずです。一緒に探りましょう」

そう言った瞬間、部屋を覆っていた重苦しい空気が少し動いた気がした。

もちろん簡単にはいかない。厳しい交渉を行いながら、あらゆる可能性を模索した。

ほどなくして携帯が鳴った。

もしやと思い、会議室に戻る前に電話で契約変更を打診していた関係者からだった。通常ではあり得ない交渉だし可能性も限りなく低かったが、一縷《いちる》の望みを託したのだ。

「横峯くん、わかったよ。こちらが契約内容を変更しなければ前に進めないのなら譲歩しよう」

その一言が、俺たちの緊張の糸を解いた。一本の電話ですべてが解決に向かった瞬間だった。

　インドから帰って、ひと月後の出来事だった。


　この成功体験は、大きな教訓を与えてくれた。

　心がどんなにざわついていても、悩みや苦しみをいったん切り離し、やるべき課題だけに集中できれば、状況はおのずと解決に向かう。

　ときに、奇跡と思えるような方法で――。

　だからこそ、いつでも心を穏やかに保たなければならない。

　それは、ジムのトレーニングに似ている。体を鍛えるように、心も鍛えられるのだ。

　心を鍛えるというとマッチョにがんばるイメージがあるかもしれないが、そうではない。心を日々観察し、穏やかさや平静さを保てるよう自分自身をケアしていく。自分の肉体を育むために毎日コツコツ筋トレするように。

4

立ち止まるための習慣「グルノート」

立ち止まるための
小さな習慣で
見えてきたこと

本来、自分に必要なものは
ひとりでに入ってくる

ミカが出ていき、部屋から一緒に暮らした4年という時間が丸ごと消えた。突然とてつもなく大きな空間ができたような気がして、足元がひんやりとする。

この冷え冷えとした感覚は、日々深まる秋という季節のせいもあるかもしれないし、底をつきかけた通帳残高のせいかもしれない。

ミカを失った喪失感は大きい。しかしいま、目の前に迫っているのは経営危機だ。僕を信じてついてきてくれた、伸二とトオルを路頭に迷わせるわけにはいかない。

でも、僕はもう絶望していなかった。

苦しみがなくなれば、まずお金が最初に入ってくるとグルから聞いていたからだ。

この物理次元では、たとえば空気や太陽の光、水など、人間に必要不可欠なものは無意識で手に入っています。

本来、自分に必要なものは、ひとりでに入ってくるのです。

それを邪魔している苦しみがなくなれば、最初にお金が入ってきます。

なぜなら、人間社会でまず必要なエネルギーがお金だからです。

自分の内側を見つめ、心の中にある不安や執着、傲慢さを認めて、一つずつ手放していこう。そして、本当の富を築いていこう。

あれほどあったお金を失った理由がある。

どんなにお金が入ってきても、美しい状態でなければ維持することはできない。

苦しみがなくなれば、
最初にお金が入ってくる。

莫大な財産を受け継いだ3人の息子
——お金を維持することとは

世の中の多くの人は、自分の苦しみを埋めるためにお金を使っている。

寂しさや空虚感を埋めるため、人に見栄《みえ》を張るため、つらさをひととき忘れるため。そうすると、お金はどんどん失われていく。

美しい状態でないとお金をもちつづけることはできないし、次の世代に渡していくこともできないのだ。グルはこんな話をしてくれた。

莫大な財産を受け継いだ3人の息子

昔々、とても裕福な家がありました。

父親が亡くなったあと、3人の息子がそれぞれに、その莫大《ばくだい》な財産を受け継ぎました。

しかし兄弟の間で、「自分の方がもっともらうべきだ」という声が上がりました。

お金を巡って徐々にお互いに対する不信感が募っていきます。

彼らの父親は生前、家のしつらいや趣味、健康や美しさなど、さまざまなものにお金を使い、子供たちの教育にも力を注いできました。

残念ながら、その教育は、お金に対する執着を生んでしまうものだったのです。

お金は大切だと教えられたものの、彼らは美しい心でもつべきであることは伝えられていませんでした。

兄弟たちは次第に「自分は損をしている」「これでは足りない」と感じるようになり、その結果、相続を巡る争いは激化したのです。

彼らはもめ、それぞれの家族関係もギクシャクし出します。

そしてついには、兄弟同士で憎しみ合い、命の奪い合いが始まりました。

結局、3人の兄弟のうち、ひとりは刑務所に入り、ひとりは命を落とし、もうひとりは離婚して弁護士費用がかさみ、破産してしまいました。

彼らが手にした財産は、結局なんの意味ももたなくなってしまったのです。

まるで、僕のことを言われているようだった。


奇跡が起き出した！

でも僕は過去を責めないし、未来の心配もしないと決めた。
なぜなら、美しい状態で生きたいから。グルはこう言った。

あなたが美しい状態で生きれば生きるほど、シンクロニシティや奇跡が起こりはじめます。

奇跡とは、人間の思考を超えた出来事が起きることだ。

想定内の出来事や願っていた幸運がやってきても奇跡とは呼ばない。

「こんな出来事が起きるんじゃないか」「こんな幸運がやってくるに違いない」と頭で考えたことが起きたとしても、それは予想や願いが現実になっただけで「奇跡」ではない。

グルの言うように、本当に奇跡が起きるのだろうか。

当時はまだわからなかった。ただ、苦しみから抜け出そうと決めていただけだ。

でも、いまは確信をもって奇跡は起きるといえる。

なぜなら、目の前でそれを体験したからだ。

奇跡は、日常の中の小さなきっかけから始まる。

「社長、面接希望がひとり入ってます」

帰国後、初めて店に行くと、伸二からこう告げられた。
それまでほとんど反応がなかった求人広告に応募者が現れたのだ。
さっそくセッティングしてもらい、翌日、亮太という青年が店にやってきた。
24歳だという彼は細身で、短く刈り揃《そろ》えられた髪に清潔感があった。

バックヤードに案内すると、亮太は軽く一礼して腰掛け、背筋を伸ばした。緊張しているのだろう、どこか動きがぎこちない。だが表情には、人懐っこい温かさがにじんでいる。

経歴を聞くと、亮太はちょっとうつむき言いにくそうに答えた。
「いままで、練習ではカットしたことがあるんですけど、いまはアシスタントなので、お客さんにカットさせてもらったことがなくて……。だから、売上ゼロなんです」

売上ゼロと言われた瞬間、少し胸がざわついた。
店にとって売上は命綱だ。顧客もなく、ゼロからのスタートではリスクが大きい。しかし、亮太の明るいオーラと生真面目さが気に入った。

「でも、カットはできるんだよね？」

そう確認すると、亮太はまっすぐ僕の目を見て「はい」と答えた。

「売上なんて、これから立てればいいよ」

僕はこれまでのいきさつを正直に話した。

妻とスタッフの不倫がきっかけで、人がおおぜい辞めて1店舗だけになっているること。自分にいたらない点があったこと。いまも状況は厳しいこと……。

なぜ、そんな話をしたかというと、苦い思いとともに、グルの教えが頭をよぎったからだ。


愛より傷を選ぶとき、喜びより正しさを選ぶとき、人は分離していきます。

そして、相手を理解するより責めるとき、相手に与えるより奪うとき、人はつながりを失うのです。

僕は愛を選び、喜びを選びたかった。もう奪ったり、傷つけ合ったりするのは心の底から嫌だ。だから、暑苦しいと思われてもいいと開き直って言った。

「一緒に働くって、結婚に似てるって思うんだよ。信頼し合って一緒に成長していける関係を築きたいんだ。この店は、君も含めて働くみんなが主役になれるお店にしたいと思ってる」

店を救ったルーキー

真剣な顔で聞いてくれている亮太に、僕は続けた。

「いろいろあって、いまこの店はギリギリな状態だけど悲観はしてないんだ。むしろこれからが本番だし、いい店にしたいと思ってる。もしそれでもよかったら、ぜひ一緒に働いてほしい。そして、君が何を求めているのか、どんな未来を思い描いているのかを聞かせてほしいんだ」

相手を理解するより
責めるとき、
相手に与えるより
奪うとき、
人はつながりを失う。

亮太は少し考えて、「ぜひ働かせてください。がんばります」と答えてくれた。

そして、「経営のことは何一つわからないんですが、じつは僕、いつか店をもちたいと思っているんです」と言った。

亮太が経営者になりたいのなら、マネジメントや数字の管理は僕が教えていつかは独立を応援しようと心に決めた。

こうして、亮太は僕たちの新しい仲間になった。

亮太はすぐに、店になじんでいった。

彼の手さばきは素晴らしく、特に、シザーワークの正確さとスピードはベテラン顔負けだった。それに勉強熱心で、的確なスタイルを提案できるセンスがあった。お客様とのコミュニケーションもこなれている。

さらに驚いたのは、SNSでの情報発信がうまかったことだ。彼が発信する最新ヘアトレンドやスタッフの情報は、確実に集客へとつながっていった。

亮太の売上は月を追うごとに上がり、それに刺激されたのか、伸二とトオルの売上も増えた。店全体の売上は右肩上がりに伸びていった。亮太はとんでもないルーキーだったのだ。

彼のおかげで閑散としていた店に活気が戻った。

そして3か月後には、返済金や経費の捻出に頭を悩まさなくてもよくなっていた。まだ絶頂期にはほど遠いが、倒産の危機は脱したといっていい。死を思っていたあの頃とは大違いだ。

喉元に迫っていた闇が遠のき、目の前の景色に光が差し込んでいた。

「奇跡って本当にあるんだな」と僕は思った。

久しぶりに深く穏やかな呼吸をしている自分がいた。

内側の心が落ち着くほど、外の世界は加速する

じつは、内側の心が落ち着けば落ち着くほど、外の世界が加速し、望むものが驚くほど早く手に入る。

逆に、焦りや不安に囚《とら》われると、どんなにがんばっても結果は出ない。

多くの人は、頭をフル回転させないと夢はかなわないと思っている。

でも、実際は正反対だ。心が穏やかで整っていれば、現実がそれに合わせて変化していく。

たとえば、何かやりたいことがあるとしよう。「どうすればいいんだろう」「本当にできるのかな」と悩みはじめると、たいてい現実は遠のいていく。

ところが面白いことに、リラックスしているときや友達とおしゃべりを楽しんでいるときに、突然「そうだ、こうすればいいんだ」「あの人に連絡してみよう」というアイデアが浮かぶものだ。そして、不思議とすんなり物事が進んでいく。


世の中の常識とは、逆に聞こえるかもしれない。

野球選手の友人から聞いた話を思い出す。

速球を投げるコツは、力むのではなく腕の力を抜くことだという。投げる瞬間だけに力を集中させて、それ以外はむしろ力を抜いているのだ。この緩急が、大きな結果を生み出す。

サッカー選手の友人に、うまい選手とそうでない選手の違いを聞いたら、世界的な名選手メッシのことを教えてくれた。

「メッシは、90分の試合のほとんどを休んでるんだよ」と。

彼のような一流選手は試合中ずっと全速力で走るわけではない。ここぞという場面だけで全力を出す。それ以外は意図的に力を抜き、リラックスして、試合の流れを観察しているのだ。

水泳選手が語るインタビュー記事でも、いくら速く腕を回してもスピードは出ないという。逆に、ゆっくり大きくストロークするほどスピーディーに、かつ力強く前に進んでいくそうだ。水の抵抗を最小限に抑えつつ、自分の動きを冷静にコントロールする。その瞬間、結果が出る。

この考え方は、仕事や人間関係にもあてはまるはずだ。

力まずに、でも集中して。そうすれば、思わぬよい結果が待っているのではないだろうか。

内側の心が
落ち着くほど、
外の世界が加速し、
望むものが驚くほど
早く手に入る。

たとえば、打ち合わせの場面でもそうだ。

急いで何かを決めようとせず、相手の言葉や雰囲気をじっくり感じ取ると、自然とスムーズに物事が進んでいく。

商談でも、焦って「早く決めてください」と急《せ》かすのは逆効果だ。

穏やかで余裕のある態度は、自然と信頼感を生む。それに、相手のニーズにも丁寧に応《こた》えられる。そんな相手と仕事をしたいと、人は感じるものだ。

内面が静かでゆったりとしていなければ、相手の本音を感じられないし、つながりをもって成果を出そうという意識も生まれない。

お金も、焦れば焦るほど「足りない」という不安に取り憑《つ》かれ、失ってしまうことが多い。

逆に、内側が満たされていると浪費することもない。そして、お金がつねに自由に流れ込んでくるように感じるものだ。

時間に関しても同じだ。内面のリズムを整えれば、ひとりでに時間がスムーズに流れ、余裕が生まれる。

そんな時間の中で、お金も豊かに手に入るようになる。

自分の中の神性とつながる

心が穏やかに整えば、豊かになれる。

その秘密は――自分自身の内側を静かにすれば、ディバインとのつながりが強くなるからだ。

ディバインとは、自分の中の神性であり、宇宙の神性。多くの人が「神」と呼ぶ存在だ。

このディバインとつながれば安心感に満たされ、豊かさが訪れる。でも僕たちは、ディバインと正しくつながれていない。

グルは、人間は４つの間違ったつながり方をしていると言った。

一つ目は、自分の不幸を神や他人のせいにする考え方だ。

自分以外の存在に責任を押しつけると、本来のつながりを見失ってしまう。

2つ目は、何かを犠牲にしないとディバインとつながれないと信じること。

本当は、努力という代償を払ったり時間を犠牲にしたりしなくてもつながれる方法がある。

3つ目は、すべてを神に委ねるという誤解だ。

祈る行為は尊いが、神聖な意図をもって自ら行動することが重要だ。神は直接の答えを与えるのではなく、チャンスや気づきを与えてくれるのだ。

最後4つ目に、神が人をジャッジするという間違った思い込みもある。

神は善悪で判断するのではない。ただ「美しい状態」か「苦しんでいる状態」かを見ているだけだ。

美しい状態の人には多くのものを与えようとし、苦しんでいる人には、それ以上何かを与えることはない。だから、自分自身の状態こそが重要なのだ。

もう一つ、ディバインとつながるために大切なことがある。

自分の中の神性
「ディバイン」と
正しくつながるだけで
人生はうまくいく。

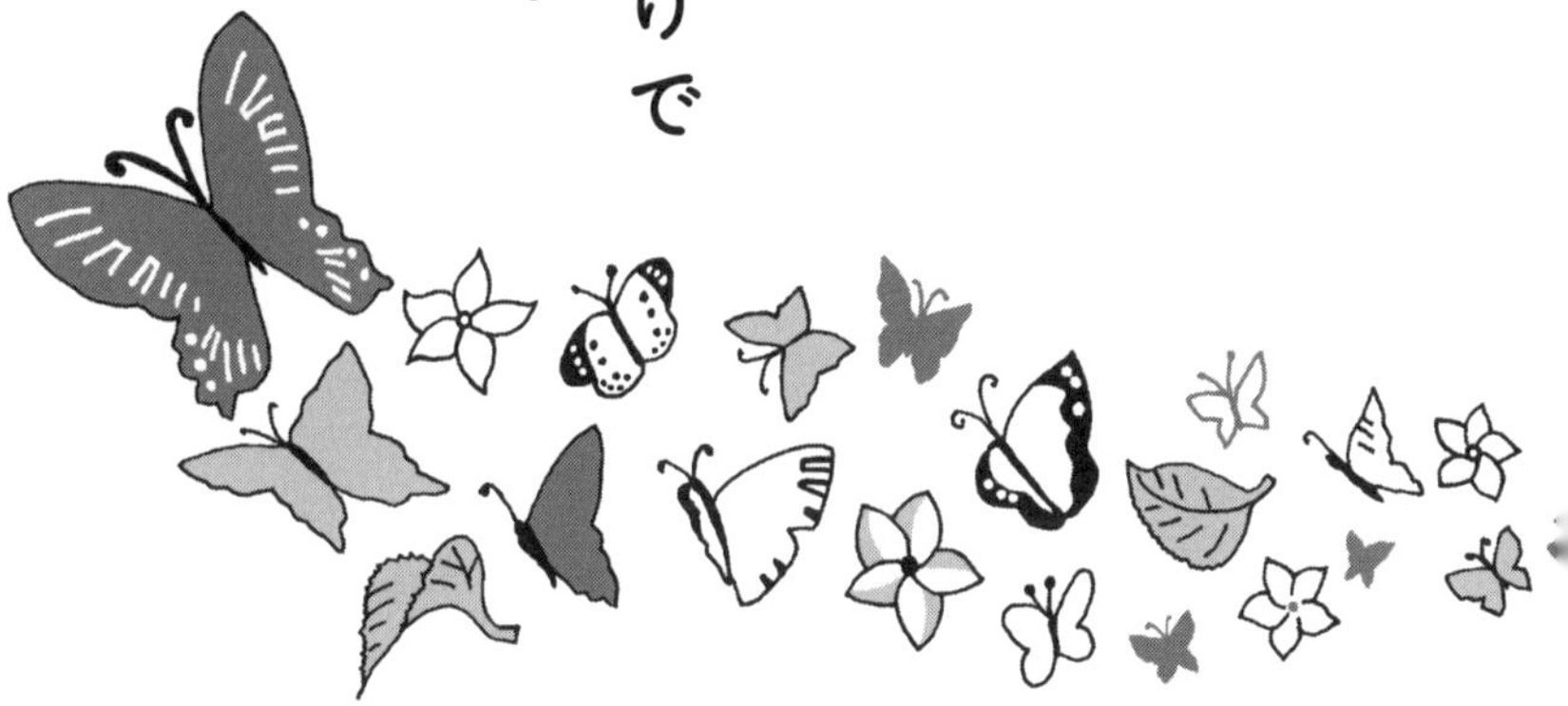

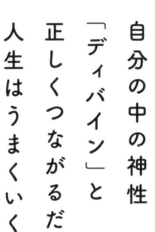

それは、自分自身とつながることだ。

ディバインは、私たちが生まれてくる前に一人ひとりと約束をしています。私たちが心から望むものを、何一つ制限なく私たちが幸せになるために必ず与えると。

ディバインはいつでもあなたの中にいます。

苦しんでいる状態から抜け出して内なるディバインとつながり、すべての願いごとを託してほしい。

ディバインは、そう願っています。

だから、僕たちは苦しみから抜け出す必要があるのだ。

でも僕たちが忙しく、苦しんでいるとき、その声は聞こえない。

どうやって幸せを手に入れるのかもわからないし、実際に、幸せが目の前にあっても気づけない。

意識に集中し、観察して、叡智に触れよ

自分とつながり、ディバインとつながって豊かな富を手にするために、グルが教えてくれた3つのステップがある。それは、①集中、②自己観察、③叡智《えいち》だ。

ステップ①は、自分自身に集中すること。

僕たちは普段、無意識に生きている。

忙しさに追われて自分の内側に目を向けようとしない。そもそも、どうすれば心の中を見られるかさえ知らない。決まり切ったルーティンにしばられ、ありふれた行動の中で習慣的に生きている。

朝目覚めたら、いつも通り顔を洗い、いつも通りの手順でコーヒーを淹《い》れる。それから子供の世話をし、同じ道を通勤し、同じ思考パターンで仕事をこなし、いつも通り疲れを抱えて帰宅する。その繰り返しだ。

成長や気づきを促す刺激も、豊かさに生きるための変化もない。時間は進んでいるのに、まるで同じ部屋に閉じこもっているかのようだ。

この状況から抜け出すには、まず意識的になる必要がある。


たとえば、いつも右手で歯を磨いているなら、あえて左手で磨いてみる。そんなささいな変化が新たな刺激になり、無意識だった動作に意識が向けられる。歯ブラシの感触、動きの違和感、鏡に映る自分の表情の変化。すべてが新鮮に感じられる。

そうした小さな意図から小さな変化が生まれ、そこから波紋が広がるように次の変化が起きはじめる。そうやって、代わり映えのしない日常から少しずつ解き放たれていくのだ。


意識的に生きるために、いったん立ち止まって自分に集中しよう。

そのために呼吸が役立つ。呼吸に意識を向け、深く静かな呼吸を繰り返していると、あらゆる思考が静まってくる。

そして、自分の内側にスッと入っていける。

感情に巻き込まれない方法

自分の内側に集中できると、そこにある感情を観察しはじめられる。

日常の中であれこれと動きながら感情を捉えるのはむずかしい。

しかし一度立ち止まって集中すると、自分がどんな感情を抱いているのかが見えてくる。

「いま自分は怒りを感じてるんだな」「この感情は、恐れだ」とわかるようになり、モヤモヤした感情の〝正体〟を知ることができる。

この自己観察が、ステップ②だ。

「恐れ」「怒り」「不安」など自分の抱いている感情を特定できれば、次にその感情がどこから来ているのか、そして、なぜそう感じているのかを理解できるようになる。

立ち止まって感情を観察できるようになれば、自分の内側に何が起きているのか、より冷静に見ていける。

こうやって自分の感情を理解することが、ステップ③の叡智だ。

たとえば恐れという感情は、未来に対する不安の投影だ。未来に対して思考が混乱しているときに恐れは生まれ、どんどん大きくなる。

だから、自分が何に不安を抱いているのかをきちんと観察しなければならない。ネガティブな感情が訪れたとき、ただそれに巻き込まれていたら事態は変わらない。でも集中して観察していけば、この叡智に触れることができる。

すると感情に支配されず、落ち着いて現実に向き合える。

このステップを自分のものにするには、日々の繰り返しがポイントになる。

僕たちは長年、無意識に同じパターンを繰り返してきた。だから、必ずまた以前と同じ行動を取り、過去の習慣に戻ろうとする。

そうならないために何度も自分を振り返り、３つのステップを意識する。

それを繰り返していけば、いつしか新しい習慣となって定着し、苦しみのない状態へと変わっていけるのだ。

立ち止まることが運命を作る

自分に集中するために、まず一度止まる。

でも、僕が痛切に感じたのは「立ち止まれない自分」だった。

グルは、**日常の中で立ち止まったときだけに「新生」が起きる**と言った。

たとえば、何もせずにボーッとする時間、お風呂や寝る前のリラックスしている時間に、人は日々の忙しさやしがらみから自由になり、ホッとできる。

そのとき、僕たちは新たに生まれ変われる。

だが時間は刻々と過ぎていく。いろいろな出来事が次々に起こり、思考があちこちに飛ぶ。だから僕は、ノートを開いた。

自分の気持ちを明確にしたかったから、ペンを持って書き出してみた。最初は、自分の気持ちや問題を法則性なく書き出していった。

そのうちに思い出したのが、運命を作るプロセスだ。

運命は、次の順序で変化し、作られていくとグルは教えてくれた。

状態↓意識↓思考↓感情↓気分↓気質↓性格↓行動↓習慣

この一貫した流れがあってこそ運命が変わり、その結果、人生が変わっていく、と。しかし多くの人は、思考を変えることだけにフォーカスするという。

僕自身がそうだった。考え方を変えれば現実が変わると思い込み、どれほどセミナーやコーチングに投資したことか。

その中には、スカイダイビングや火渡りをして、「こんなに勇気ある体験をしたあなたは、人生やビジネスで成功する」と教えるセミナーもあった。確かに、非日常的な体験にやたら興奮し、全能感が訪れたのを覚えている。モチベーション

日常の中で
立ち止まったときだけに
「新生」が起きる。

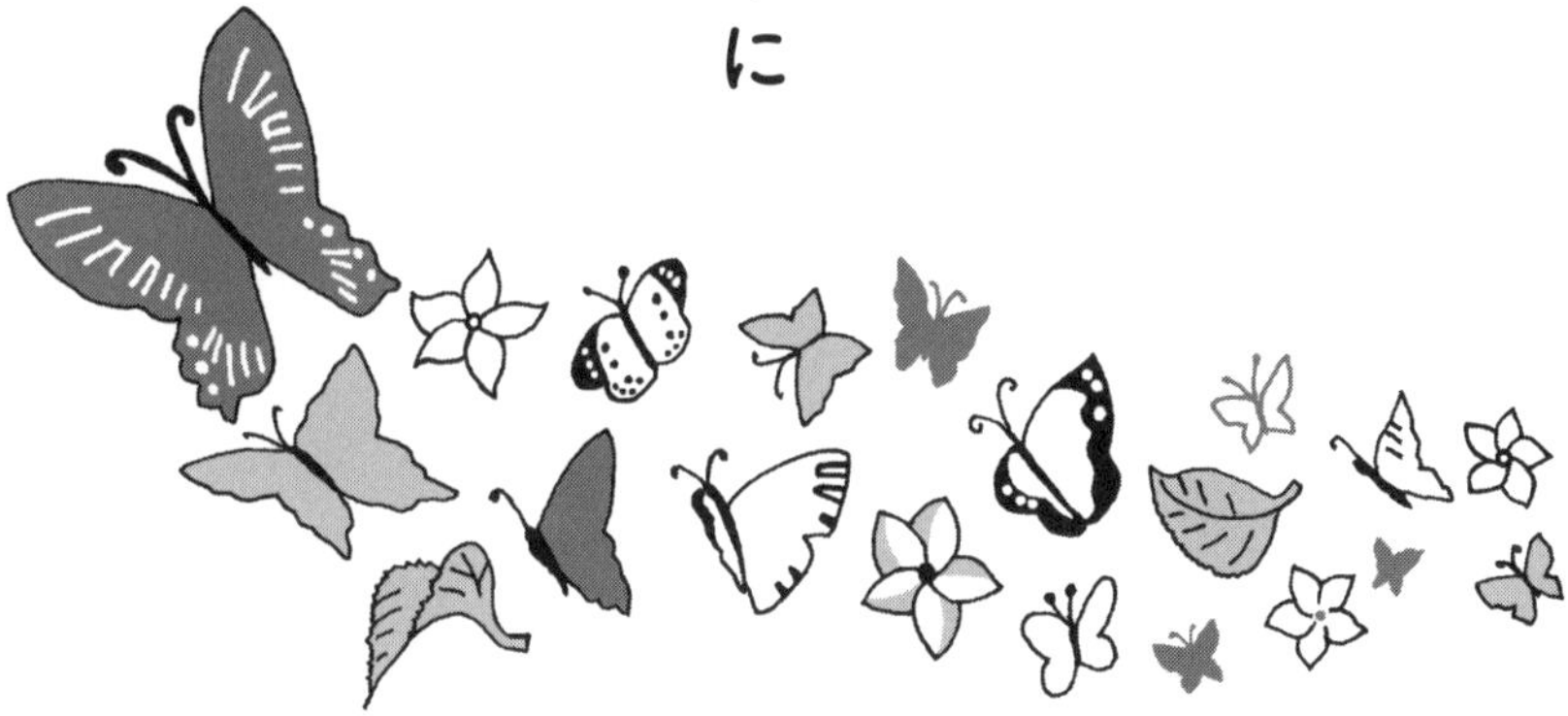

もめちゃくちゃ上がった。

でもしばらくすると、必ずまたもとの状態に戻った。そして高揚した気持ちがシュルシュルとしぼむたびに、自分がダメなのだと落ち込んだ。

でも、いまならその理由がわかる。それらの体験は、極端な刺激で自分を鼓舞し、恐れや不安にフタをして見ないようにしていただけだ。

だから、本質的な変化は何一つ起きていなかったのだ。グルはこう説いた。

最初に見なければいけないのは、状態と意識です。

自分の状態や意識を見ないまま、思考だけを変えようとしているのは、体を洗わず汚れた状態でいい服を着て、香水をつけておしゃれをしているようなもの。あるいは、掃除をしていない散らかった部屋に花を飾り、お香を焚《た》いているようなものです。

まずやらなければならないのは、体を洗うことであり、部屋をきれいに片付けることです。

がんなのに病巣を取り除かず、運動したりサプリを飲んだりしているのと同じで、自分の内面を観察しなければなんの意味もないのです。

立ち止まるための「グルノート」

僕はまだ自分の苦しみを見ることができていなかった。それこそが大事なのに。
頭で考えるだけだと、堂々巡りをしたり注意散漫になったりしてしまう。
大事なのは、視覚化することだ。
そこで、最初に苦しみを書き出して、明らかにすることにした。
僕は、そのノートを「グルノート」と名付けた。
神聖な自分のディバインといつでもつながれるように。
自分が自分の「グル」になれるように。
まず、静かに座り、心を落ち着かせて呼吸に意識を向ける。
それから、心の中にある悩みや苦しみを書き出していく。モヤモヤしていることも、紙に書いて自分の目で見ると頭が整理された。

最初は言葉が出てこなかったが、とりあえず思い浮かぶことを書いていこうとペンを動かすうちに、だんだん言葉が出てくるようになった。

グルノートの作り方はこうだ。

◎用意するもの

ノートとペンを用意する。ノートの大きさは自由。僕は14センチ×9センチの持ち歩きしやすいサイズにしている。

書くことが重要。まずは、メモ用紙や便箋など紙ならなんでもいい。ペンも書きやすければOK。色分けしてもいい。スマホやパソコンでもいいが、手を動かして紙に書くことをお勧めする。

◎ページの準備

- 縦と横の線を引き、1ページを4つのスペースに分ける
- 各スペースにタイトルを書く（右上→右下→左上→左下の順に次の内容を書いていく）

右上：チッタ（苦しみ）………自分の内側にある苦しみの感情
右下：ディバイン（内なる神）……その日一日をこのように過ごしたいという理想
左上：ディクシャ（才能や情熱を目覚めさせるもの）……理想がかなったときの感情
左下：スワダルマ（魂の目的）……「ディクシャ」に書いた感情を味わいながらできる行動

◎書く前の儀式

グルノートを書くには準備が大切だ。ノートを書く第一の目的は、立ち止まること。そして、自分とつながり内側を観察すること。そのために、簡単な「儀式」を行う。

- できるだけリラックスできる静かな場所で、目を閉じる
- 呼吸に意識を向ける。深くゆったりと息を吸い、吸ったときより長く吐き出し深呼吸を3回行う

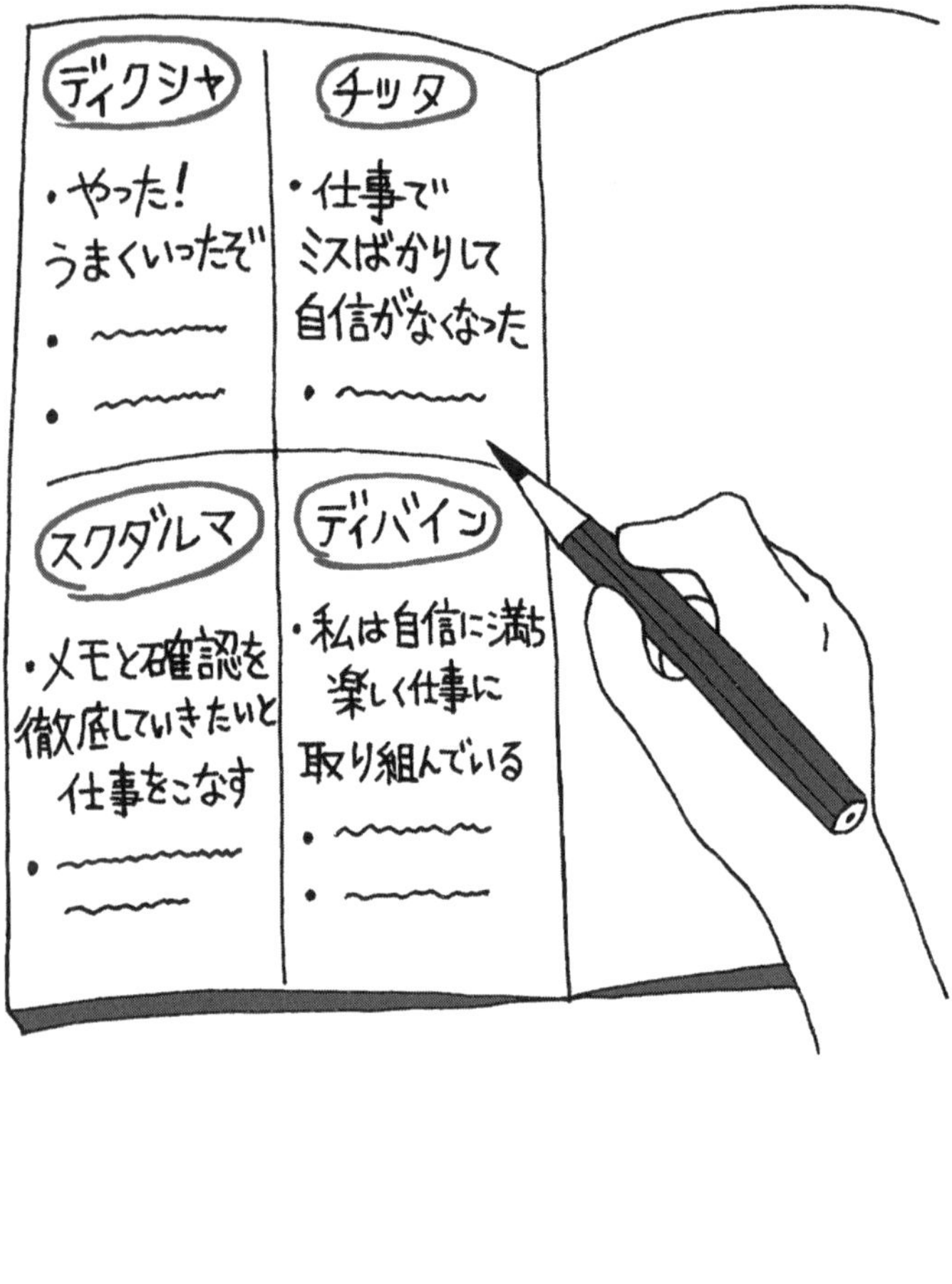
ディクシヤ
・やった! うまくいったぞ
チッタ
・仕事で ミスばかりして 自信がなくなった
スクダルマ
・メモと確認を 徹底していきたいと 仕事をこなす
ディバイン
・私は自信に満ち 楽しく仕事に 取り組んでいる

・眉間に意識を向ける。そこに小さな炎をイメージする
・心のざわめきが静まったと感じたら、ゆっくり口角を上げて微笑《ほほえ》む
・目を開け、右上のチッタから書きはじめる

◎各スペースの書き方

①右上：チッタ

いま感じているネガティブな感情や悩み、気になっていることを書き出す。誰にも見せない前提で、思考を抑えず感じたままを素直に書く。

(例)「仕事でミスばかりして自信がなくなった」
「心を開ける相手が見つからず、寂しい」

②右下：ディバイン

悩みがなくなった理想の状態やかなってほしいこと、なりたい姿を自由にイメージし、**どう過ごしたいかを書いていく。「私は」を主語にする。**ポジティブな言

葉で、苦しみから解放された状態をできるだけ具体的に書く。

(例)「私は自信に満ち、楽しく仕事に取り組んでいる」
「私は心から信頼できる友人と楽しい時間を過ごしている」

③左上：ディクシャ

ディバインに書いた理想が実現したときの感情や気持ちを書く。そのときの喜びや感謝、達成した気持ちなどをリアルに感じ表現。理想がかなったときの様子や聞こえてくる音声なども想像し、**臨場感や体感もリアルにイメージする。**

(例)「やった！　うまくいったぞ」
「うれしい。ありがたいなあ」

④左下：スワダルマ

行動に移すことで、現実に変化をもたらす。単なるタスクではなく、**理想を実**

現するために今日できる行動、心からやりたいこと、理想的な行動を書く。ささいなことでもいいので、実行可能な行動を具体的にリストアップする。「喜びを感じながら○○する」「優しい気持ちで○○する」などと書くとさらによい。生きていくうえでは日々のタスクもあるし、目標とする数字を追うことも大事。しかしそれは、「ありきたりな行動」。それだけでは人生は変わらない。だから、次のように考えてみる。**「こうしなければならない」という制限がなくなったらどうしたいか、**と。たとえば、「一日いきいきと働き、午後5時きっかりに仕事を終える」とスワダルマに書いたとしたら、そのために、どうすれば美しい状態から仕事ができるかを考え、行動しはじめる。それが変化をもたらしていく。スワダルマで書いたことができたかできないかをジャッジすることよりも、過去の行動パターンから抜け出す習慣をつけることが大事。

(例)「メモと確認を徹底して、いきいきと仕事をこなす」
「友人Aさんを、観《み》たいとワクワクしている映画に誘う」

◎書くときの注意点とコツ

・テーマを一つに絞る

一度に複数のテーマを書かず、仕事、お金、人間関係、健康など一つのテーマに集中する。54ページの富をもたらす「8つの鍵」から選ぶとよい。

・時間を決めて書く

朝起きてすぐや就寝前など、毎日同じ時間に書くことで習慣化できる。朝、一日の方向づけのために書くのがベスト。書く時間に決まりはないが、15分程度かけるとよい。慣れてきたら5分を目安にすると続きやすい。

・環境を整える

携帯電話をオフにする、静かな空間に移動するなどして、集中できる環境を作る。

・感じるままの気持ちをそのまま書く

誤字脱字や文法を気にせず、心に浮かんだ言葉に従って素直に手を動かし、どんな感情が出てきても制限せずありのままに書いていく。

・継続が大事

続けることで効果が高まるので、毎日書くのが理想。同じ悩みや理想が続いてもOK。

なぜかノートに書いたことが現実化していった

グルノートを書きはじめて、変化は間もなく現れた。

まず、悩みや苦しみが可視化されるだけで、不思議と浄化されていった。さらに、やりたいことや目標がはっきりして、行動しやすくなった。

たとえば、「今日は3か月後のプロジェクトプランを楽しんで考える」など、具体的に書いて毎日コツコツ進む。その結果、ノートに書いたことが確実に実現していくので、正直驚いた。

毎日書いていると、自分の考え方や感情のクセも見えてきた。

月末が近づくと、支払いや売上が気になってイライラしがちだとか、スタッフに期待しすぎる傾向があるとか。

それまで苦しみにフタをしていて何も変わらなかった僕が、心のフタを毎日開けて、苦しみをきちんと観察するようになっただけで、気づきが訪れ、成長につながり癒やされていった。

グルノートによって、それまでと違う次元で自分の意識と状態が保たれる。そんな感覚だった。


トラブルや課題がなくなったわけじゃない。でも、**感情が振り回される時間が減り、穏やかに過ごせる時間が増えた。**

すると心に余裕が生まれる。人をコントロールしようとする思いが消え、僕と関わった人はみんな幸せでいてほしいと思えるようになった。

「会社が潰れたらどうしよう」「人からバカにされるのではないか」とビクビクしていた気持ちは、「大丈夫」という安心感に変わった。

どんどん楽になり、勇気が湧いてきた。

それも無理やり奮い立たせた勇気でなくて、穏やかな勇気だ。人生がスムーズに流れるようになり、早く進んでいく感じがした。

内側が変われば、自然に行動や雰囲気も変わる。

笑顔で過ごせる日が増え、店や家での会話も増えた。

もちろん、人生がバラ色に変わるなんてことはない。苦しみは日々生まれる。考えがまとまらないこともあるし、未来に不安を感じることもある。仕事や人間関係で悩むときもある。

最近も、予約数が少ない日が2日続いただけで、昔に戻ったらどうしようと落ち込んだ。

でもその気持ちを見つめて、自分がどうありたいかを書いていくと前向きな勇気に変わっていく。状況は思い通りでなくても、愛や喜びを感じることができる。

直感が冴《さ》え、「次にこれをやるといい」「ここはイエスだ」といった決断もサクッとできるようになった気がする。

一日24時間の中のわずか約1%。

15分だけ内側と向き合う時間を取ることで、自分自身とつながり導かれる。

グルノートは単なるメモや日記ではなく、自分を理解して成長するための強い味方になった。

「無関心」という暴力をふるっていないか？

そんなある日、久しぶりに大吾から連絡が入った。

近況報告を交わしたあと、グルノートの話題になった。

「最近さ、なんかいろいろ落ち着いちゃって。教えてもらったグルノートだけど、チッタに書くような苦しみがないんだよね」と大吾が言う。

「へえ、それって、もう悟っているってことじゃない？　グルと同じレベルだな」冗談めかして返すと、大吾はあわてて否定した。

「いやいや、そんなことないって！」

僕は少し考えてから切り出した。

一日24時間の中の
わずか約1%。
15分だけグルノートで
内側と向き合う。

「もしかして……自分は人より収入も多いし、恵まれてるから悩みなんてないって思ってない？」返事はない。

「それって、本当は見たくない苦しみがあるのに、気づかないふりをしてるだけかもしれないよ」


僕は、グルの言葉を思い出していた。

自分の内面を見ないようにする「無感症」が増えているという話だ。

無感症は、他人の痛みや苦しみにも目を向けなくなる。言い方は厳しいかもしれないが、自分にも人にも「無関心」という名の暴力をふるっているようなものだ。

無感症とは、鏡を自分の額にずっと当てているようなものだという。

すると、自分の内面が全然見えなくなる。**立ち止まる行為は、その鏡を額から離して、自分の顔をはっきり見ることだ。**

大吾も一緒にこの話を聞いたはずだった。でも、もう一度話すことにした。

「そう……だったな、思い出した。直斗ありがとう。最近忙しくて、瞑想《めいそう》は毎日やってるけど、丁寧に自分を見ることを忘れてたよ。でも、なんかむずかしいんだよね……」

「むずかしい」という言葉はとても便利だ。

そこで思考を止められるから。

多くの人が、この言葉で苦しみを見るのをやめ、感情を麻痺《まひ》させていく。だからこそなおざりにせず、鏡を自分に向けることが大切だ。

「じつは僕もチッタが書けない日はあるんだ」と僕は言った。

「そんなときは、モヤモヤした自分の感情に名前をつけるようにしてる。『いまの気持ちは焦りかな、混乱かな』みたいな感じでさ。感情ってどんどん変わるだろ？ だから、あれこれ考えずそのときに感じたものを素直に書くようにしてる」

「なるほど！　やってみる」

大吾は先ほどより少し明るい声で応えた。

グルノートで一番大切なのは、チッタだと僕は感じている。

自分の苦しみをありのままに見ない限り、いくら理想の状態を思い描いても砂上の楼閣になるからだ。

グルは、「**人間は3分に一度は否定的な言葉を使っている。その言葉が減れば減るほど、あなたのところに富が訪れる**」と教えてくれた。

否定的な言葉を減らすには、それが生まれるおおもと、心の中の苦しみに光を当てることだ。

光を当て、ただ気づく。観察する。それだけで消えていく苦しみは多い。そうすれば、ネガティブな言葉は驚くほど減っていく。

僕は日々それを実感していた。大吾にも、その感覚を味わってほしかった。だから電話を切る前、大吾の声が晴れやかだったことがうれしかった。

気づき、観察するだけで
消えていく苦しみは多い。
恐れずに、
苦しみを書き出そう。

売上のV字回復と、新しい仲間と

亮太が加わったおかげで、1年後には、融資の返済額はピーク時の半分以下に減っていた。閉めていた店舗も再開し、スタッフも増えて、売上は年商ベースで2億円を超えた。あのいざこざ前の年商を抜いたことになる。

あのとき亮太を採用しなかったら、いま会社も僕自身もなかったかもしれない。そう思うと、ありがたさで胸がいっぱいになった。

「ちょっと急なんですけど……」

亮太が照れくさそうに、結婚の報告をしてくれたのは、ちょうどその頃のことだった。この機会に、ぜひ彼に恩返しがしたいと僕は思った。いままでは人から奪うような生き方をしてきたが、これからは与える側に回りたい。

「おめでとう！　お祝いに何かできることはない？」

「じつは僕、独立したいんです」と亮太は切り出した。

面談のときから言っていたが唐突な話だ。理由を尋ねると、亮太は「子供ができるんです。それで、妻や子供にいい暮らしをさせてあげたくて」と答えた。

僕には子供はいなかったが、彼の気持ちはよくわかった。


「そっか、そうだよな。じゃあさ、この店を開くときのローンもほぼ返したから、残りの金額でこの店、亮太が買ってくれないか?」

残された返済額は、280万円。それで店が手に入るのだから、相場からすれば驚くほど安い。でもそれだけの恩があると思った。

「いや、そんな安くは買えませんよ」亮太はあわてて首を振った。

「世話になったしさ。さすがにただであげるわけにはいかないけど」

亮太は少し考えて「それなら、フランチャイズ契約にしてもらえませんか?」と提案してきた。

調べてみると、一般的なフランチャイズ契約は、店側が儲からないようになっている。そこで僕は、最低限のフィーだけを受け取ることに決めた。

無事、新体制で店をスタートさせた亮太が連絡してきたのは、それからひと月ほど過ぎた頃だった。

僕に紹介したい美容師仲間が4人もいるという。

みんな、東京にいるが札幌に帰りたがっている。それで、もし条件が合えば店で働かせてもらえないかと言うのだ。

それぞれにオンラインで面接し、「なぜ、うちに興味をもったの?」と聞いてみた。彼らは口々に言った。

「亮太から聞いて、こんなに人を大切にしてくれる会社はないと思ったんです」

僕はちょっと誇らしくて、居住まいを正した。

だからこそ、正直でいたい。

「聞いてるかもしれないけど、いろんなことがあったんだ。たくさんのことを学んで人の痛みもわかるようになった。まだまだ未熟だけど、もし一緒に働いてくれるなら、いい店を作るために協力してほしい」

亮太のときと同じように、自分の思いと経験をありのままに話した。

こうして僕の店は、新たに4人の仲間を迎えた。その後、彼らは亮太と同じようにフランチャイズ契約でそれぞれに店長となっていく。

美しい状態で生きる。自分の可能性を発揮して、富を手にする。

それがグルの教えであり、僕が進む道だった。

仕事を通して、その道をともに歩む仲間が増えていくことに、僕は大きな喜びを感じていた。

5
「問題」と「苦しみ」を分けること

人生から問題は
なくせないけれど、
苦しみはなくすことができる

かけがえのない家族と朝のため息

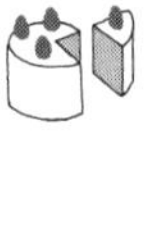

「ヤバい、遅刻だ！」

あわてて起き出して時計を見た。

開け放したカーテンから差し込む朝日がまぶしい。午前7時半。7時には起きてグルノートを書いて瞑想《めいそう》する予定だったのに、完全に寝坊だ。

朋美はすでに起き出していた。あわててリビングに行くと、「おはよう。たっぷり寝れた？」と、少し皮肉っぽく言われた。

「昨日遅くまで打ち合わせがあって……」と言うと、「大変だね」と一応ねぎらってくれたが、目は笑っていない。

ダイニングテーブルでは、莉子がジャムを載せたバタートーストを食べていた。

「おはよう、パパ！」と笑う娘に「おはよう、莉子」と頭をなでながら答える。

世界で何よりも大切な僕の宝物。この上なく愛《いと》おしい娘の笑顔に、焦っていた心がふわっとゆるむ。

インドから帰って6年の月日が過ぎていた。

いまの僕は、15店の美容院やエステサロンを経営し、投資家としても活動する経営者だ。海外進出も視野に入れ、打ち合わせや会議で忙しい毎日が続く。

5年前に友人の紹介でネイリストの朋美と出会って、結婚。翌年、莉子が生まれた。

3つ年下の朋美は誰に対してもオープンで、人に気遣いができる優しさがある。ときにはケンカもするけれど、彼女の芯の強さを僕は信頼している。

いま朋美は友達の店を手伝っているが、莉子が小学校へ入って落ち着いたら、自分の店をもちたいと言っている。

朋美が淹《い》れてくれたコーヒーを急いで飲みながら、僕は「あっ」と声を上げた。

今日は朝イチで、投資を検討しているスタートアップ企業との大事な会議がある。でも、僕が莉子を保育園に送っていく番も今日だった。すぐに支度して出なければならないのに、保育園を経由していては絶対に間に合わない。

莉子の保育園用のリュックを用意している朋美に、恐る恐る言った。

「ごめん、今日はどうしても時間がなくて、莉子を送れそうにないんだ」

「えっ、なんで!?　今日は直斗の当番だよね。私、もう出ちゃうよ」

「本当にごめん……。会議があるのを忘れてて」

朋美の表情が一瞬固まった。何か言いたげに僕の顔を見たが、ため息だけついて目を伏せ、「わかった」と言ってリュックのファスナーをシュッと締めた。そして「今日はママが送っていくから、急いで食べて！」と莉子を急《せ》かした。

莉子がトーストを握りしめたまま、僕たちを見て顔をこわばらせる。

僕は罪悪感でいっぱいになりながら「次は、ちゃんとパパが送ってくからね」と言い、飲みかけのコーヒーを置いて席を立った。

僕らは「問題」と「苦しみ」を一緒に考えている

グルの教えは、いまでも僕の中で薄れてはいない。

自分の思いを注げるビジネスとかけがえのない家族を得たいま、途方に暮れていた6年前はすでに遠い過去だ。自分という森を豊かにして、悟った王様になる。この思いは変わらない。

あのとき、インドに行く決断をして本当によかったと、心の底から感謝があふれてくる。だが忙しさに追われて、その教えを実践できないと感じることも増えていた。今朝のような行き違いは日常茶飯事だ。

朝、きちんとグルノートを書いても、数時間もたつと、苛立《いらだ》ちや怒りに振り回される自分がいる。

開始時間に滑り込んだ会議が終わると、朝の記憶がよみがえってきた。

「家族のためにがんばってるのに、わかってくれない」と朋美を責め、次は「自分は、なんて心が狭いんだ」と、そんな自分を責めた。心はなかなか「いま」にいられない。

遅れて出勤した店では、ひと月前に入ってきた新人がちょうどお客様を見送るところだった。お辞儀をしたあと、彼はポケットから小さなメモ帳を取り出し、何か書き込んでいる。その光景は何度も目にしていたので、ふと「いつも何を書いているの？」と声をかけた。

「あ、社長、これですか？　僕、忘れっぽいんで、お客様の情報や先輩から教わったこと、気づいたことを書いてるんです」と照れくさそうに答える。

その瞬間、ひらめきがやってきた。グルの言葉を思い出す。

問題と苦しみ。この2つを分ける必要があります。

問題とは、外側で起きていること。

苦しみとは、心の内側に生まれるものです。

本来は別々である2つを一緒にして考えるから、多くの人が混乱し、悩みつづけているのです。

この教えを聞いたとき、頭では納得した。でも、実際に分けようとすると、感情にひっぱられて冷静に考えられなくなる。それでいつもモヤモヤしていた。

しかし紙に書いてみたら、スッキリ整理できるかもしれない。グルノートのように……問題と苦しみを分けるノートを作ればいい。

頭で考えるだけでは混乱してしまう。でも、**「問題」と「苦しみ」を分けて書き出せば、2つは別物だと視覚化できる。**そうすれば、両者をクリアに見られるようになる。簡単だけど、効果的な方法かもしれない。

「そのアイデアを借りていいかな」と聞くと、「え？　もちろんですけど……」と彼は不思議そうに首をひねった。

問題は、外側で
起きていること。
苦しみは、心の内側に
生まれるもの。

分けると見えてくるもの

さっそく、新しい持ち歩ける小さなサイズのメモ帳を用意した。

ページの真ん中に縦線を引き、左右の上に「問題」「苦しみ」と書く。

ランチタイムにノートに向かって今朝の出来事を思い出す。僕は深呼吸をし、意識を呼吸に集中させた。次第に心が落ち着いてくる。

問題と苦しみをはっきり分けて見つめ直す。

今朝、保育園へ送れず、朋美とのコミュニケーションがギクシャクしたのは「問題」だ。

その結果、心の中に「このくらい協力してくれてもいいだろう」「僕だってがんばってるんだ」「家族を大切に思っているのに」といった悲しみや苛立ちが生まれた。これは「苦しみ」だ。

問題は、これから予定をきちんと確認し、朋美への感謝を伝えれば解決できる

とわかった。苦しみはすぐに解決できないが、書き出して観察すると、不思議と薄れていった

問題と苦しみが一緒だといつまでも心がざわざわするけれど、両者を分けてしまえば感情は整理できる。すると、苦しみから一歩離れられる。

苦しみだけ見てみると、その原因も見えてきた。

結局、僕は愛や喜びから家のことをやっていたわけではなかった。

保育園の送り迎えや家事をしていた理由は、別にあった。じつは、朋美に文句を言われないための防衛策、「いい夫」「いい父親」に見られたいというセルフイメージへの執着だったのだ。これには、大いに反省した。

もしこのことに気づけなければ、これからも似たようないさかいをしなければならなかっただろう。

2つを分けて書く方法は、あらゆる感情に使える。

たとえば、お金が減りつづけて毎日焦っていたとする。

問題
苦しみ
・銀行口座からお金が減る
・将来が不安だ

銀行口座からお金が減るのは「問題」だ。

しかし、いまの日本ではどんなにお金がなくても飢え死にはしない。

また、たとえば新規事業を考えるなり、誰かから借りるなり、返済を猶予してもらうなり、いろいろな対処法がある。そうやって手を打てば、その状況は「苦しみ」にはならない。

そこに、「将来が不安だ」「破産したら、人から笑われる」「お金がないなんて恥ずかしい」などの**不安や恐れが付随すると、苦しまなければならない**。

本当に恐《こわ》いのは、「この人、貧乏なんだ」と周りに思われること。結局のところ、残高が減ること自体ではなく、人にどう見られるかってことを気にしていたということが見えてくる。

そういった苦しみが自分の中にあると気づけば、もう口座残高の増減に一喜一憂しなくてもよくなる。

プラダしか買ってもらってない!?

グルの大切な教えがある。

人生から問題はなくなりません。

しかし、苦しみはなくせます。

なぜなら、苦しみは自分自身の選択だからです。

苦しみが少ない状態や完全になくなった状態から臨むと、起きている問題は簡単にクリアできます。


これからも、問題が起きるたびに立ち止まって考えよう。

外側の問題か、それとも内側の苦しみかを見定めよう。

そうすれば、もっとスムーズに問題を解決できるはずだ。

人生から問題は
なくならない。
しかし、苦しみはなくせる。
なぜなら、苦しみは
自分自身の選択だから。

それから僕はノートを持ち歩き、こまめに問題と苦しみを分けるようになった。習慣化すると、自分がいかに両者を混同して苦しんでいたかがわかるようになった。

だが、グルの言う通りだ。問題はなくならない。学びは続いた。

ある休日、僕たち家族は久しぶりにデパートに出かけた。今度の海外出張のためのスーツを新調し、靴やネクタイ、シャツなども新しく買う。

朋美のバッグや莉子のおもちゃも買って帰宅し、リビングに荷物を置いたとき、朋美が小さな声でつぶやいた。

「私、プラダしか買ってもらってない」

一瞬、何を言っているのかわからず、「え？」と聞き返す。朋美は、ふてくされたように繰り返した。

「今日、私、プラダしか買ってもらってない」

その一言で、僕の中で何かがパチンと音を立てた。頭の中が真っ白になる。

「はあ?」怒りが込み上げ、思わず声が出た。普通なら「ありがとう」と感謝されていいのに……。「しか」だって!? 思考がどんどん走り出す。

これまで、どれだけ彼女のためにいろいろやってきたと思っているんだ。

グルのところにも連れていったし、ぜいたくな海外旅行だって何度も行った。高級な時計や指輪も贈った。一生懸命働いて、ときには自分の欲しいものさえ我慢して、高価なものを買ってきたのに!

「プラダしかって、どういうこと?」

つい、問い詰める口調になる。明らかに不機嫌な声になっていたはずだ。

「別に、深い意味はないよ」

朋美は「しまった」という顔になり、莉子を促して片付けを始めた。

僕の怒りは収まらない。さらに口を開きかけたが、莉子の不安そうな顔を見て思い直し、「ちょっと出かけてくる」と家を出た。

「責める」と「正義」の2つの車輪が対立へと進ませる

近所のカフェに行き、コーヒーを飲んでゆっくり呼吸する。
なんとかクールダウンしなければ。でも、怒りが頭を駆《か》け巡る。
しばらくして、グルの言葉がふとよみがえった。

人は無意識で、自分が望まない方向に進んでしまうことがあります。

そのときに回っているのが「責める」と「正義」という2つの車輪です。

責めるという車輪は、「相手が自分の幸せを奪っている」と考えることで回る。

一方、正義という車輪は「自分は正しいのだ」と主張し、相手との不公平さを訴えて回っていく。

この2つが回り出すと人は誤った方向に向かい、知らず知らずのうちに対立の道を進んでしまう。**他者を責め、自分の正義を掲げつづける限り、誰かとつながることは絶対にできない。**

まさにいま、僕がその状態だった。

自分は、人並み以上にやるべきことをやっている。それなのに、どうして「しか」なんて言葉が出てくるんだ。もっと感謝されてもいいはずだろう、と心の中で責めつづけていた。

「僕が稼いでいるのだから感謝されるべきだ」「一方的に与えるばかりでなく、お互いにフィフティ・フィフティであるべきだ」という「正義」がそこにあった。

僕は正しく、朋美が間違っている。彼女は感謝も協力もしてくれない。こんなの公平ではない。本音ではそう思っていたのだ。

自分が正しいと思い込み、相手を見下す。そこに朋美への感謝も、彼女を理解しようとする気持ちもない。あるのは「自分はすごい」という自己中心的な考え、自分が評価されたいというエゴだ。だから、彼女がもっている不満に目を背け、彼

「責める」と「正義」の
車輪が回り出すと、
望まぬ方向へ進み出す。

女の言葉の意図をくみ取ろうとさえしなかった。

そのことで、莉子まで傷つけてしまったのかもしれない。いまになってそのことに気づく。

ノートを広げ、気持ちを整理する。集中し観察して、ようやく落ち着きが取り戻せた。

朋美、莉子、ごめん。やっと苦しみから離れられた僕は、心の中で二人に謝った。

人類の愛には3つの間違った形がある

それにしても、なぜ僕たちは愛する人との関係をこじらせてしまうのだろうか。

「人類の愛には3つの間違った形がある」というグルの教えにヒントがある。

一つ目が「ロマンティックハイ」だ。

恋愛が始まったばかりの頃は、お互いの気持ちが盛り上がってハイになるが、熱が冷めると、相手の短所や期待とは違った部分が気になってくる。

そして時間がたつにつれ、恋愛当初の感情は、まるでソーダ水の泡がはじけるように消え、最後は、言い争ったり相手に失望したりして関係は破綻していく。多くの人は、それを愛と誤解している。

2つ目は、相手への「愛着」を愛と錯覚しているケース。

自分のもっているものを相手に与えて、お互いのニーズを満たし合おうとしている関係だ。

たとえば、「働くのに疲れた、楽がしたい」「安心したい」と婚活をする女性がいる。「孤独を癒やしたい」「社会的に一人前と認められたい」と考えて結婚を望む男性もいる。また、昔の僕のように、ぜいたくな生活やいい家で家族を喜ばせることで自己重要感を満たそうとする人もいる。「僕が安定を与えているのだから、君は僕に優しさを返してくれ」と言っているのと同じ。

それは愛ではない。お互いのニーズを満たし合っているだけ。ただの取引であり、ビジネスのような関係だ。本当の愛は、このようなニーズの交換を超えたところにある。

3つ目の間違った愛が「条件つきの愛」。

「こうであればあなたを愛するけれど、そうでなければ愛さない」というものだ。

たとえば、「子供を愛している」と口では言う。

でも学校に行っている間は愛せても、不登校になったら愛せない。望み通りなら愛せるけれど、期待を裏切ったら失望する。

そんなふうに、条件をつけて愛している親は多いのではないか。僕自身、朋美や莉子に対してそういった思いがなかったとは言い切れない。

しかし**本当の愛は、条件なしで存在するもの**。条件をつけること自体が、愛を誤解している証拠だ。

ロマンティックハイに依存している限り、瞬間的には何かを手に入れても、やがて失ってしまう。またお互いのニーズを満たし合っているだけでは、最終的に満足感は得られないし、条件つきの愛で信頼ある絆《きずな》は結べない。

「本当の愛」でつながるために

人間関係でも仕事でも、ほとんどの人が間違った愛の構造を反映させたドラマの中で生きている。

たとえば、新しいプロジェクトが始まったときはいいが、トラブルが起きると情熱は冷めてしまう。また、つねに自分の基準で相手の能力や価値を見て、取引先や部下が期待通りに動かないと、ジャッジして切り捨てる。

さらには、恋愛や人間関係で傷ついた心を穴埋めしようと仕事に邁進《まいしん》して、そこでも失望し、満たされない心を抱えている人もいる。

これでは、一生懸命がんばってもずっと苦しみから抜けられないし、愛のある美しい状態にもなれない。お金も時間の余裕も十分に得られない。

しかし、誰もが真実の純粋な愛を経験できると、グルは言う。

自分を認めて大切にしてもらいたいというニーズを手放し、相手のニーズを満たそうとも思わない。**ただその場にいて、相手の気持ちとシンプルにつながろうとする。そこに本当の愛が生まれる、と。**

そんな愛で朋美とつながりたい。冷静になって振り返ってみた。

自分の気持ちにばかり集中していたけれど、朋美の気持ちはどうだったのだろう。思い返せば、買い物をしているときから朋美の機嫌は悪かった。

途中から話しかけても生返事になり、つまらなそうにスマホを見たりしていたじゃないか。彼女のサインに気づいていたはずなのに、面倒くさいと感じて放置していた。だから、まずきちんと謝ろうと思った。

その夜、莉子を寝かしつけてリビングに戻ってきた朋美に声をかけた。

「今日はごめん。朋美の気持ちをわかってあげられなかった」

朋美は少し驚いて僕の顔を見たが、「私も悪かったよね。ごめんなさい」と僕の座っていたソファに腰を下ろした。そして、ちょっと黙ったあとこう続けた。

本当の愛とは、
ニーズの交換を手放し、
何の条件もつけず、
相手の気持ちとただ
つながろうとすること。

「仕事に必要なのはわかってるけど、自分のものばかり買って、ちょっとずるいと思ったんだ。直斗が仕事で留守がちなのは理解してるよ。ありがたいとも思ってる。でも、その間、莉子の世話もお互いの実家のことも全部私がやって、家を守っているのよ」

その言葉を聞いて、ハッとした。彼女はただ、もっと自分の気持ちを理解し、寄り添ってほしかっただけ。それなのに、僕は自分のことに精一杯で、彼女の不満に向き合う余裕をもてなかった。

朋美の手をそっと握る。指先が意外なほど冷たい。短く整えた爪には、シンプルなクリアネイルだけがほどこされている。仕事、家事、育児。忙しさの中で、プロのネイリストとしてできる精一杯のおしゃれだ。

ギリギリのところでがんばっているのは僕だけじゃない。申し訳なさと感謝の念が込み上げてきた。

「本当にごめん。朋美の大変さに気づけなくて……」

朋美は首を振り、「私も、もう少しきちんと自分の気持ちを話せばよかった」と言った。

僕たちはこれからもこうやって、小さないさかいと和解を繰り返していくのかもしれない。いや、そうなるだろう。でも、そのたびに今日の気持ちを思い出そう。もう大切な人を、何よりも守らなければならない人を失うのは、絶対に嫌だった。

心に栄養を与える「感謝ノート」

朋美への感謝を忘れていたことを、僕は素直に反省した。

なぜ、こうも学べないのだろうか。自分にがっかりしてため息が出る。しかし、自分を責めているばかりでは始まらない。

基本に戻ろう。悟るためには、まず気づくということが重要だ。

問題と苦しみを分けるノートでそのときの状態に気づき、それを観察するところまでは、なんとかできるようになった。また、グルノートでチッタを書き出し、自分の中にある苦しみもきちんと見ている。

日々自分を振り返り、感情から一歩距離を置けるようになったことで気持ちがとても穏やかになり、心という森が育っていきつつあるのを感じる。

でも苦しみを見るだけでは、現状をケアしているだけ。風邪薬を飲んで症状を抑え、不調を治しているに過ぎないのかもしれない。

愛のある満たされた状態でいるには、どうすればいいのだろう。

大切なのは、栄養をたっぷり摂《と》って体質を改善し、風邪にかからない丈夫な体を作ることだ。


では、心の栄養とは何だろう。それは愛であり、感謝だ。

愛や感謝がなければ、喜びや幸せは感じられない。

本来、僕たちはただ生きているだけで、たくさんの恩恵にあずかっている。

自然や周囲の人や先祖や社会のおかげで、この人生を享受できている。

でも、毎日があわただしく過ぎていくと、その大切なことに気づけない。そして、大事な人を傷つけたり、寂しい思いをさせたりしてしまう。

僕は、もう1冊小さなノートを用意した。

つい見過ごしてしまう感謝を書くためだ。

寝る前に、そのノートを開いて、その日にあったことを思い出しながら「ありがたいな」「よかったな」と思うことを書いていく。

「今日も家族が無事に過ごせた。ありがたい」「朋美のおかげで仕事に集中できている」「忙しかったが、スタッフが一日がんばってくれた。感謝だ」「道が空《す》いていてスムーズに移動できた。助かった」……。

2、3個しか書けないときもあれば、10個以上スラスラと出てくるときもあったが、数は問題ではなかった。

「感謝できること」というフィルターで一日を振り返ると、どんな日も本当にありがたい出来事で満ちている。

仕事がうまくいかなかった日も腹の立つことがあった日も、いつもたくさんの人たちや大いなる存在に守られている。

そう気づけたことが、感謝ノートの最大の収穫だった。

疲れていてノートを開けない日も頭の中で一日を振り返り、感謝して眠った。

新しい習慣となった2つのノートのおかげで、思考にハマってしまう時間がずいぶん減った。そして、心に静けさが広がる時間が増えた。

心が凪《な》いだ状態でいられると、忙しい中でも落ち着いて行動できる。

するとまわりの状況や相手の気持ちが、以前よりよく見えるようになった。また新しいアイデアや仕事の改善案も、前よりひんぱんに湧くようになった。

どんよりすることが減って、前向きな気持ちでいられる時間が増えた。

まるで一日にエネルギッシュに使える時間が、何時間も延びた感覚だった。

正しさこそが自分を苦しめていた

同時に2つのノートは、自分が普段いかに感謝を忘れ、人や物事をジャッジしているかに気づかせてくれた。

それも、本当にささいなことで、「責める」と「正義」の車輪を回しているかを。

先日、年度末の保護者会で、莉子の保育園に行ったときのことだ。会場の遊戯室に一歩踏み込んだとき、まず床の冷たさにイラッとした。まだ寒いのだから、スリッパくらい用意してもいいんじゃないかと。

そのくらいで苛立つなんて、心の狭い人間だとわかっている。でも、担任の先生がいかにも温かそうなフワフワのスリッパを履いているのを見たとき、「自分だけ温かそうにしてるんだな」とまた責めてしまった。

会終了後の手続きの際も、そうだ。ちょっとした不手際に「段取りが悪いな」「忙しい保護者に、もう少し配慮してほしい」と「正義」を持ち出し、心の中で相手を責めた。とことん器が小さい。

ところが、ほんの数十秒の出来事でその考えはガラッと覆される。

手続きを終えて玄関を出ようとしたとき、例の先生がスリッパをパタパタさせながら、あわてて僕を追いかけてきた。「ああ、間に合ってよかった」と息を切らした先生は、10円玉を1枚差し出して言った。

「前に頂いた教材費の差額が10円あって、お返ししなきゃならなかったんです」

今日一日、大変だったのだろう。向かい合ってみると、まとめた髪がほつれ、おくれ毛が疲れた顔にかかっている。

その姿を見て、急に自分が恥ずかしくなった。こんなに一生懸命に仕事をしている人を、取るに足らないことで責めていたなんて。

また自分の正義を振りかざし、先生がどれだけ子供たちや保護者のために仕事に取り組んでいるか想像しようともしなかったのだ。

その夜、感謝ノートに「先生が一生懸命走ってきてくれて、ありがたかった」と書いた。


こんな出来事は、日々起きる。

明日になれば、また今日のように、ちょっとしたきっかけで誰かを責めるだろう。**でもそのたびに「あ、またやっているな」と気づいて観察する**。それだけで自分を正当化する歯車が止まり、感謝に変わる。

湧いてきた感情を観察して、認めて、そのまま放っておく。

そうすれば、次第にその感情は弱まっていく。相手を責める感情を感謝に変えることができたとき、その分だけ心が軽くなる。

そうやって毎日、自分を鍛えていこう。

いままでずっと、心のどこかで自分が正しいといつも思っていた。**しかし、その「正しさ」こそが自分を苦しめていた。** このことに気づいたとき、また一つ自由になれた気がした。美しい状態に近づけた気がした。

朝の3分で起こした「奇跡」

それでもあわただしい朝は、相変わらず続く。

今朝も、目を覚まして時計を見ると7時半を過ぎていた。長い出張から帰ったばかりで疲れていたとはいえ、またやってしまった。莉子を保育園に送る当番なのに。ベッドで頭を抱え込む。

莉子は8時半までに保育園に送らなければならない。そして今日は9時からジムの予約がある。パーソナルトレーニングだからキャンセルしづらい。ずっと家を空けていたから今日は送っていかなきゃと、早起きしてどちらも間に合わせるはずだったのに。

この失態を朋美に説明するのが億劫《おっくう》だ。言いづらい。とても言いづらい。リビングへ行く前に少し時間を取り、グルの教えを思い出して深呼吸をする。3分でいい。内なる問題をちゃんと見つめよう。静かに呼吸して、自分の感情を観察しはじめる。

「何に苦しんでいるんだろう？　何を恐れているんだろう？」と自問する。

感情に名前をつけてみる。朋美に責められること、感謝されないこと、自分のふがいなさを見られることへの「恐れ」だと気づく。

その恐れを、ただ観察する。いいも悪いもない。ただありのままに見る。

グルの言葉が胸に響く。

私たちにできること、私たちの仕事は、ただ見ることだけです。

心が落ち着いているのを感じ、リビングに向かう。朋美と莉子が「おはよう」と笑顔を向けてくれる。続けて朋美が言った。「今日は、私が莉子を送っていくね。夕方のお迎えだけお願い」予想外の展開だ。でも一気に緊張が解け、感謝の気持ちが込み上げてくる。「ありがとう。食器は片付けておくよ」と言うと、朋美も「助かる。ありがとう」と莉子の髪を束ねながら優しい声で返してくれた。

責められるどころか、理解し合えている。静かな内側が外側に反映されている。穏やかな朝のスタートは、今日一日を平穏な心地いい日にしてくれるだろう。

もちろん、ときには内側が静かになっても現実では朋美とギクシャクしてしまうこともある。そんなときも、自分の内側を観察し、心のバランスを保つことで日々の小さな問題を乗り越えていける。すると毎日、より豊かな時間を過ごせるようになる。そう実感する。感謝とともに新しい一日の幕が開いた。

「本を書く」というビジョンに向かって

「本を書きませんか」という話が舞い込んできたのは、それからすぐだった。

連絡をくれたのは、ある出版社の編集者だ。僕がＳＮＳにアップしていたインドでの学びやグルノートに興味をもったという。執筆依頼のメッセージが来たとき、すぐ「あ、やっぱり来た！」と驚いた。

じつは、本を出版するビジョンはずっと心の中にあった。

そのビジョンが生まれたのは、インド。グルのもとにいたときだ。

グルが僕の頭に手を置いた瞬間、体を貫くようなとてつもない振動とともに、それまで一度も感じたことのなかった静寂が訪れた。

自分と他者の区別がない。過去も未来も、善も悪もない。ただ広大な空間が静まり返って広がっている。

そこで僕は、あまりにも明晰《めいせき》な映像を見た。

僕や僕が関わるすべての人が幸せで、自分の可能性を思い切り生きている世界。たくさんの人が、笑顔でつながっていく世界。そんな世界で、作家として本を書いたり多くの人の前で話したりして、グルの知恵を分かち合っている僕。そして、当時はまだ会ってもいなかった新しい家族と過ごす僕……。

最初は半信半疑だった。あまりにも、その頃の自分とかけ離れていたからだ。でもなぜか、これは現実になるのだという確信があった。その確信は絶対に消えなかった。

幸せなビジョンは、鮮烈なイメージとなっていまも心の中にある。


でも実際の僕は、子供の頃から作文が大の苦手だった。「○○でした」ばかりの読書感想文を書いて、先生に苦笑いされたほどだ。

ところが、会社が持ち直して、試しにSNSでグルの教えを書きはじめてみると面白いほど言葉があふれ出た。

美しい状態でいることを意識して、心に浮かんでくる素直な気持ちをそのまま綴《つづ》っただけなのに。

それが最強のライティング法だったのだろう。

「もっと知りたいです」「毎日の参考にしています」と読者からのコメントやメッセージも日を追うごとに増えた。もし僕のビジョンが本当にかなえるべきものなら、しかるべきときに現実が動くだろう。そう考えてコツコツ書きつづけた。

5つの「ルナ」が富の循環を起こす

編集者から依頼があったとき、正直にいえば「自分が出版するなんておこがましい」と尻込みする気持ちもあった。

でも「5つのルナ」という考え方が、僕を後押ししてくれた。

ルナとは、恩返しや貢献のこと。

この教えとお金の使い方が、人生を豊かにする鍵だという。

一つ目のルナは、先生や師匠への恩返し。

相手に感謝するだけでなく、学んだことを実践し、その知識をさらに発展させて、多くの人に伝えることが恩返しとなる。

2つ目は、両親への恩返し。

親に対して直接何かをするのではなく、自分の子供を美しい意識で育てることが最大の恩返しになる。子供たちが輝く姿を見せることで親への感謝を表せる。

3つ目は、人生で出会う人々への恩返し。

周囲に対して、愛を込めた言葉を発し行動する。また仕事では、相手の苦しみを取り除くようなサービスやプロダクトを作る。その意識をもって働くことだ。

4つ目は、地球への恩返し。

テーマが大きくなるが、生命を育むことに力を注ぐことだ。たとえば、子供や動物、植物を育てる。持続可能なライフスタイルを送る。環境保護や動物の保護活動に参加する。ビジネスでは、サステナブルな企業、ソーシャルグッドな企業への投資も含まれる。

最後の5つ目は、宇宙への恩返し。

これはさらに壮大だが、苦しみのない意識に目覚めていくこと。成長や悟りを目指すことが、宇宙への恩返しになるという。人間の精神的な変化が宇宙に影響を与え循環していく。

いうまでもないが、すべて美しい状態から行うことが大切だ。

グルの言葉を思い出した。

喜びからお金を稼ぎ、5つのルナに使うことで人生はさらに豊かになり、8つの富が増えていくのです。

その歯車を回していくには、まず師匠や先生について学び、技術を得る必要がある。そうして得た技術や知識で、一つ目のルナを実践してお金を得る。

次にそのお金で、残りのルナを実践していく。日々起こる問題や苦しみに対処しながら。

この繰り返しが富の循環を起こしていく。

これまで僕は経営者として、グルの教えを実践してきた。今度は作家として本

5つのルナ（恩返し・貢献）の繰り返しが富の循環を起こしていく。

を書くことで自分の学びを共有し、一つ目のルナに取り組もう。

『インド式「グルノート」の秘密』との題がつけられたデビュー作の出版を、朋美も莉子も、もちろん大吾や会社の仲間も心から喜んでくれた。

みんな笑顔でつながっている。本を手にしてくれる、まだ見ぬ仲間も。

この光景を、僕は先に見ていたんだ。

これからの人生で、どんな光景が待っているだろう。

胸にあるビジョンを実現するために、自分を観察し、叡智《えいち》につながり、いまという瞬間を大事にしていこう。改めて僕は心に決めた。

6

苦しみを味わい尽くすことで見えてくるもの

人類の99％は
苦しんでいることを知る

「自分の好き」が実現した世界

どんな自分だっていい。何をどう楽しんだっていい。自分の生きたいように生きればいい。

幕張メッセ国際展示場は、そんな自由さと熱気があふれていた。

全国から、いや海外からもネットカルチャーやオタク文化の体現者たちが集まる、年に一度の大祭典。

巨大スクリーンからアニメ映像が流れ、思い思いのキャラに扮《ふん》したコスプレイヤーたちが闊歩《かっぽ》し、カメラに向かってポーズを決めている。

ステージでは、人気声優のトークショーやアイドルのライブに観客が熱狂。カードゲームやeスポーツ大会の会場では、白熱した戦いが続く。ゲーム実況コーナーでは、プロの実況者による生配信も開催中だ。

数え切れない笑顔、あちこちで湧く歓声やどよめき。

会場全体が、参加者のエネルギーを集めた一つの生命体のようだった。

バーチャルとリアルが融合し、誰もが主役になって自分の好きな世界に没頭する。これこそが、俺たちが目指した「キラキラ超祭典」の姿だ。

友達とうまくなじめなかった昔の俺を、ここに連れてきたい。自分の好きな世界を思い通りに生きていいんだよ。そう言って背中を押し、会場に放り込んでやりたい。

絶え間ないざわめきが響く会場を見渡しながら、胸が熱くなった。

アーティストやアイドル、クリエイターだけでなく、政治家や評論家なども巻き込んだキラキラ超祭典は、今年で開催4年目。2日間で入場者数16万人を超え、いまではポップカルチャーの新しいムーブメントとしてすっかり定着した。

その統括プロデューサーである俺のもとには、ひっきりなしに連絡が来て指示や助言を求められる。

だが、もっとも大変なのは開催まで。会期中は少し余裕がもてる。今年もよくここまでこぎつけたなと会場を見渡した。感慨に浸ったのも束の間《つかのま》、スマホの画面が明滅して新たな課題が持ち込まれた。

「大規模なシステム障害が発生しました。当日券の販売と入場管理システムが完全にダウンしています！」

システム部門の責任者の緊迫した声が耳に飛び込んでくる。よりによって、会期中にシステムダウンとは！　一瞬クラッとするが深呼吸を一つして冷静になる。

「わかった。復旧の見込みは？　バックアップシステムの状況は？」

冷静な口調で質問すると、責任者の声のトーンが少し落ち着いた。状況を把握して「すぐに、広報と運営の責任者も集めて」と指示する。

急きょ集まったメンバーとともに、来場者への影響、メディア対応、代替手段の検討など、多角的な視点から対策を練った。それを受けて具体的な指示を出すと、彼らは持ち場へと走っていった。きっと迅速に対応してくれるだろう。トラブルが解決するのは時間の問題だ。

インドから帰って訪れた変容

以前であれば、トラブルが起きると「なんでこんなことも処理できないんだ」と怒ったり、「ちゃんとしてくれよ」と心の中で相手を責めたりもした。

でも、いまは違う。アクシデントも平常心で受け止め、対処できる。

なぜかといえば、つねに自分の意識を観察できているからだ。

もちろん瞬間的に動揺することはある。だが、その時間が驚くほど短くなった。混沌《こんとん》とした状況の中でも感情の動きを客観的に見つめ、冷静に対応する余裕が生まれている。

インドから帰って6年。

「大吾さん、穏やかになりましたね」「以前より達観してますね」とよく言われるが、自分の変化に一番驚いているのは俺自身だ。

ただ立ち止まり、自分の内側を見つめてきただけで、あの疲弊し切っていた状態からは想像もつかない成長を遂げた自分がいた。

だが、教えを受けただけで幸せになれるのではない。変容へ導くのは、毎日の実践だ。

「これからも問題は起こりつづけるし、苦しみもやってくる。それに影響されない美しい状態を作ることが大切なのだ」と、グルは教えてくれた。そして、まさにその通りの6年間だった。

インドで驚いたのは、グルが「自分にもいまだに苦しみはやってくる」と言ったことだ。しかし、0・001秒で解消できるから苦しまないという。

この言葉は俺にとって、一つの希望となった。

どんなに悟った存在でも、苦しみから完全に解放されるわけではない。

しかし、恐れや不安、怒りが訪れたその瞬間を捉え、すぐに手放せればいい。苦しみを避けるのではなく、訪れた苦しみをきちんと認識して解消しようとする姿勢こそ求められる。グルの言葉がよみがえる。

美しい状態になるためには、一度苦しみを味わい尽くさなければなりません。**花が完全に咲き切ったら枯れるように、苦しみも味わい尽くせば終わります。**

心を明るく照らし、自分がいま何を感じているかを観察し、イライラや孤独感、不安といった感情を認識して、その原因を探り解消していくのです。

それこそが、自分自身を美しい状態へと導いていく方法です。

だから苦しみを無視せず、しっかり感じて解消しよう。

その積み重ねが自分を少しずつ解き放ち自由にしてくれる。そう思ってインドから帰ってきた。

花が完全に
咲き切ったら枯れるように、
苦しみも
味わい尽くせば終わる。

人類の99%は苦しんでいる

ところが人間という生き物は、忘れっぽい。日常に流されて、つい苦しみから逃げてしまう。しかも無意識に逃げてしまうのだから、やっかいだ。

それに気づいたのは、帰国後1年ほどして直斗に電話したときのこと。

直斗とは日本でも定期的に、お互いの状況を報告し合っていた。話の流れで、教えてもらったグルノートの話題になった。


その頃、グルノートの最初の欄、苦しみを書くべきチッタを書こうとしてもペンがなかなか動かなかった。でも瞑想《めいそう》や呼吸法を実践し、メンタル面もずいぶん安定していたので気に留めていなかったのだ。

「最近、チッタが書けない」と何気なく言った俺に、「それって、本当は苦しみがあるのに、それを見たくなくて気づかないふりをしているのでは」と直斗は言った。そして、他人と比較して「自分は人より恵まれた環境にいると思っているだけではないか」と。

言われてみれば、まさに図星だった。その証拠に、毎日が心の底から充実しているかというと、すぐにはうなずけなかった。

でも人と比べれば、経済的にも社会的にもそれなりに満足できている。それに、インドから帰って、そこそこうまくいっている。そう思っていた。

しかし、それは大きな勘違いで、見るべき苦しみから目を逸《そ》らしているだけだった。

インドのセミナーを思い出す。「あなたたちは、人生に失望していますか？」と、グルは参加者に尋ねた。手を挙げる人は少なかった。

俺も手を挙げなかった。悩んでいたけれど、失望していたわけではない。「普通よりかなり高い年収があるし、地位もある。どちらかといえば、恵まれた人生だ」と思っていた。

でもグルは、「ここにいる人は全員失望しています」と言って、こう続けた。

人類の99％は苦しんでいます。

苦しみから解放されることが人生の目的です。

どんなに小さな炎でも放っておいてはいけないのです。

そうだ、俺はそのとき苦しみから自由になると決めたじゃないか。

忘れてはいけない。その第一歩が苦しみをちゃんと見ることだ。

グルは、「真実を見なさい」と繰り返し言った。

真実とは、自分が苦しんでいるということ。

俺は、その日から自分の苦しみを丁寧に感じていった。

心の奥底にあった欠乏感

それから2か月ほど過ぎた頃だったろうか。自分の中に潜んでいた大きな苦しみに気づいたのは。

深夜のリビングで、俺はパソコンのモニターをにらみつけていた。

数日前から、新配信シリーズの企画書を練り上げていたが、まったく満足できなかった。会社では落ち着いて仕事ができないから、自宅に持ち帰って今日こそ仕上げる予定だった。

「これじゃない。もっとインパクトが必要だ」

奇抜なアイデア、斬新なサービス、人の注意を引く仕掛けがいる。まだ足りない、十分でない。試行錯誤を何日も繰り返している。


モニターから目を離して、ふと考える。なぜ、こんなにも自分を追い込むのだろう。過剰に自分を追い詰めて、さんざん失敗してきたのに。

そのとき、あっと思った。「特別な存在にならなければ価値がない」と、俺は思っているのではないだろうか。

だから、人の予想の斜め上を行く企画、意表をついたトラブル解決、注目を集める判断をいつも探していた。「よく思いついたね」「誰も予想してなかったよ」

と言われることに固執した。

会議で俺の提案に対し、みんなが驚きの表情を浮かべる瞬間の高揚感が忘れられない。でも、そのあとの虚《むな》しさも鮮明に覚えている。自分の能力を認めてもらった満足感は、いつもしばらくすると新たな渇望に変わった。

その日も、すぐベッドに倒れ込みたいのに、パソコンにかじりついていた。

特別な存在であることにこだわる理由は何か。

根底には「自分は完璧でない」という欠乏感や無価値感があった。それが俺を苦しめていたのだ。だから、「認められたい」と渇望した。トラブルや悩みごとを解決する役回りを引き受け、周囲の期待に応《こた》えようと奮闘した。

誰の中にも、育ってきた環境や過去の出来事で積み重なった苦しみがある。普段は意識の奥底に潜んでいて、自分でも気づかない。

でも、内面に意識を向けると、玉ねぎの皮をむくように、心の奥で眠っていた苦しみが次々と顔を出す。すると、気づく。

自分には、こんな苦しみがあったのか。こういう恐れを抱え、この不安があの行動の原因だったのかと。俺が自分の欠乏感や無価値感に気づいたように。

苦しみの層が一枚見えたら、そこにしっかりと焦点を当てる。

なぜこのパターンに陥るのか、その原因を冷静に観察する。そうすることで、新たな自分を作り上げていく。

すると不思議なことに、本当にやりたかったことが自然と現れてくる。

「昔の自分」のために企画した「キラキラ超祭典」

その日以来、俺は少しずつ、それまでと違う意思決定ができるようになった。

人の評価を得ようとしなくていい。自分の本当にやりたいこと、いま本当に取りたい行動はなんだろう。それだけを考えた。

このキラキラ超祭典も、他でもない俺自身が心から欲している場を作りたいと考えて企画したものだ。

ネット以外に居場所がなかった俺、本当は人とつながりたかった俺。

そんな昔の俺のような存在が、安心して自分を表現し、楽しめるリアルな場をどうしても作りたかった。

それが、予想以上に大きなインパクトをもって広がっている。

振り返れば、学生時代に起業したときも、ただ楽しくてコンテンツサービスを考えた。人に喜んでもらうのが単純にうれしくて、夢中で仕事をした。すると本当にうまくいったし、思わぬ成功が手に入った。

そしていま、また自分のためにやりたいことが次々と湧いている。

さらに俺は、それを実現できる環境があり、仲間がいる。これをギフトといわずして、なんというのだろう。

世界に対する違和感からの脱出

「苦しみ」という玉ねぎの皮をむいていくうちに、変わったことが2つある。

まず、ずっと抱えていた孤独感や虚無感を手放せた。これは俺にとって大きな変化だった。

矛盾するようだが「特別な存在にならなければ」と思う一方で、「自分は人と違う」という疎外感がいつもつきまとっていた。世界に対する違和感といっていい。

友達と同じ遊びをやって、仲間外れにされたせいかもしれない。

それは、いつしか「みんなが好きになるものを好きになってはいけない」という思い込みになった。

思い込みは仕事にも影響し、ビジネスの主戦場として、よりニッチでマニアックな市場を選んできた。その代表が、オタク層を対象とした動画配信サービスだ。

でもそれは単に、自分で「そう思っている」に過ぎない。自分がやりたいことであれば、マーケットが大きかろうが小さかろうが関係ない。**ただピュアな気持ちで「やりたい」を実現していけばいいだけだ。**あるとき、そう気づいた。

その気づきは大きなマインドシフトとなり、活動の場を大きく広げた。それまでアプローチしなかった著名人とタッグを組めたり、社会の注目を集めるような企画を実現できたりするようになったのは、ここ数年のことだ。

その最たるものが「キラキラ超祭典」だった。

紅白歌合戦の常連だった大物演歌歌手がアニメ・ゲームファンのアイドルとして〝降臨〟し、誰でも知っているバーチャル・シンガーが伝統歌舞伎の看板役者とコラボする。

第一線の政治家を集めた討論会、有名力士が土俵入りする大相撲。以前は、考えもしなかったスケール感だ。

もちろん、越えなければならない壁もたくさんあった。

でも、俺は頭の中にあったイメージを実現させたかった。そのためにできることはなんでもしよう。使えるものはなんでも使おうと決めた瞬間、過去の縛りから解放され、紆《う》余《よ》曲折を経ながらも実現できた。

その成功体験はとてつもない財産となった。

過去にやらなかった新しい行動パターンの中にこそ、宝物は埋まっている。

苦しみを手放してフラットな目で自分の中を見てみれば、きっと誰の中にも本当に欲しいもの、心からやりたいことがある。

自分のためにお金を使っていい

もう一つ大きく変わったのが、お金に対する向き合い方だ。

一言でいえば、「自分のためにお金を使っていいんだ」と心から思えるようになった。自分のやりたいことや学びたいこと、欲しいものを手に入れることへの抵抗感が減った。

以前は、高価な買い物をするたびに心が揺れる自分がいた。

家や車を手に入れても、「こんなぜいたく、自分なんかに許されるのだろうか」という思いがうっすらと漂う。人のためなら惜しみなくお金を使えるのに、自分のためとなると、うしろめたさのようなものが先立った。

お金を使うとは、自分や人を豊かにする行為だ。でも俺にとっては、ある意味、それが苦しみになっていた。

心の中のどこかに無価値感や卑屈さ、不安が潜んでいたのかもしれない。しかし少しずつその抵抗感は薄れ、自分にも人にも、自然体でお金を使えるようになった。

気がつくとインドから帰って俺の資産は5倍になっていた。

支出も数倍に増えたが、それ以上に収入が伸びているので、「使えば、また入ってくる」といった大きなフローが生まれている。

いま社員は1000人を超え、会社は最高の利益を叩《たた》き出し、俺自身も最高の時間配分で毎日を送れている。こんなにも心の状態がはっきりと現実に反映するのか。自分が一番驚いている。

ただ、俺の中でもっともうれしいのは、自分が叡智《えいち》につながり、多くの気づきが訪れる日々を送れていることだ。そして、気づきがもたらす成果を、仕事やプライベートでたくさんの人と分かち合えることだ。

行動への第一歩は「気づくこと」

内側も外側も本当に豊かな自分に変わるために、欠かせないものがある。それは行動だ。

美しい状態にあれば、望む出来事がすべて自然に起こるわけではありません。

また、美しい意図をもって願いを放てば、宇宙が自動的に現実化してくれるわけでもありません。

私は苦しみを手放し、美しい意識になれた。だから、もう何もする必要はないと思うのは間違いです。

美しい意識の状態で、無限の可能性の中から自分がこれだと思うものを選択し行動しない限り、あなたの意図は現実化しないのです。

意識を整えることだけに目を向けて行動を起こさないのなら、問題から逃げている状態だ。

自分が望むことに対して抵抗感や葛藤を抱いている。つまり、苦しみがあるということ。抵抗なく動ける意識を目指す必要がある。

頭ではわかっていても、なかなかできない現実もあるだろう。

それでも、自分のパターンに気づけているだけでお祝いしていい。それは、いままで見ようとしなかった苦しみを見ている証拠だから。行動への第一歩を踏み出せているということだから。

美しい意識の状態で、
無限の可能性の中から
選択し、行動しつづける

メインステージでのアクシデント！ピンチをどう切り抜ける？

華やかな音楽と拍手が聞こえてきて、現実に引き戻された。

キラキラ超祭典のメインステージで、大物司会者のオープニングトークが始まった。

そこで、トップスポンサーの紹介をするのが大事な段取りの一つだ。

俺たちは、自社の技術と社名が大々的に紹介される場面を見てもらおうと、客席にスポンサーを招待していた。日本でも指折りの技術を誇るメーカーの経営陣だ。

しかし、まずいことになっている。

司会者が軽快なトークで盛り上げているのはいいのだが、完全にスポンサーの紹介を忘れているのだ。

俺はとっさに大きな紙にスポンサー名を書き、舞台袖に走って司会者の注意を引こうとした。必死に腕を伸ばして紙を突き出し、何度も左右に振る。だが、遅かった。大拍手の中、ステージの幕がスルスルと閉まっていった。

イベントは何事もなかったかのように続いている。しかし舞台裏では、青ざめた顔のスタッフが集まり緊急会議が始まった。絶対にあってはならない失敗だ。この日のために、多額の協賛金をもらっているのだから。

張り詰めた空気の中で「どうする？」「いまから何ができる？」と顔を寄せ合う。あきらめたように、誰かが言った。

「もう手遅れです。怒られる覚悟をしましょう」

その言葉を待っていたように、「まず横峯さんが先に謝りに行ってください。僕らは、ステージが終わってから謝罪に行きますから」とディレクターが言った。みんな顔がこわばっている。

俺は目を閉じて深く息を吸い、ゆっくり吐き出した。

動揺が静まり、課題を解決しなければという静かな思いが立ち上がってくる。

目を開けて言った。

「いま、謝るのは簡単だよ。みんなが焦っているのもわかる。でも謝るのは、最終的にダメだったときでいい。まだできることがあるよね。エンディングで言ってもらおうよ」

「いや、無理っすよ。あれはもうオープニング用のセリフだし、スポンサーさんの技術を使った演出はオープニングだから意味があるものなんです」

「でも、エンディングでもできるよね」

「いや、できませんよ」

「やってみなきゃわからないよ」と俺は粘る。あくまでも落ち着いて、でも確固たる意志をもって。最終的には、みんなに納得してもらい、細かな段取りを確認し合った。


ところが、司会者はステージに出ずっぱりだ。演出の変更を伝える時間がない。レクチャーできるのは、エンディング直前の2分だけだった。

その2分間にすべてを説明し、段取りを伝えて、その通りにやってもらわなければならない。相手から「そんなの無理。できないよ」と言われたら、「じゃあ、俺がやります」と言うしかないと覚悟した。

高揚した顔の司会者が、舞台裏に戻ってきた。心臓の鼓動が速くなるのを感じる。彼に近づき、冷静に事情と段取りを説明した。その間にも時計の針は容赦なく進む。当然、彼は驚いた。

「え!? 忘れて悪かったけど、あれはオープニングの演出でしょ? エンディングじゃ使えないよね」

予想していた答えだ。彼の目を見て言った。

「はい。ただラストを最高の形で盛り上げるのは、あなたの仕事です」

一瞬だったが、彼は俺をまじまじと見た。そしてすぐ、うなずいた。

「そう!? 僕はステージをカッコよく仕切ればいいだけなのね。OKわかった!」

誰もが知っている有名司会者は再び舞台へと戻っていった。

そして、エンディング。拍手が湧く中、司会者が舞台に立つ。俺は袖で息を詰めて見守る。

彼は、熱い口調で俺たちがイベントにかけた思いを語り、そして、

「このイベントを誰よりも応援してくださっているのは、日本が世界に誇るα社です。その最新技術をご覧ください！」


本来はオープニングでやるはずだった演出へと促していった。

会場がどよめく。スポンサーの社長の顔が輝いているのが見える。拍手が鳴り響く。スタンディングオベーション。


「あんなに特別なタイミングで紹介していただいて感激です」

イベント後、社長が紅潮した笑顔で近づいてきた。

スタッフたちも興奮気味に駆け寄ってきた。

「大吾さん、ありがとうございます！　あの大変なトラブルをいい形で解決できて、僕らの自信になりました」笑顔が輝いていた。


たぶん、いままでの俺だったらおそらく謝ることだけを考えた。トラブルにどう対処するかまでは思考が回らなかったはずだ。

でも、自分の状態を穏やかにして物事にあたれば、思わぬ解決策が見えてくる。そして、トラブルは単なるやっかいごとではなく、次の豊かさへとつながっていく。事実、スポンサーは喜んで、次の契約を約束してくれた。すべてが丸く収まっただけでなく、むしろいい方向に転んだのだ。やりとげたという実感が湧いてくる。

でも、俺は最初から豊かさを求めたわけではない。心を美しい状態に保ち、その場でもっともいい判断をしようとしただけだ。

その結果、豊かさがもたらされた。どんなトラブルや課題も、またどんなチャレンジも、穏やかな状態で臨むために自分自身を観察していこう。

泥まみれの仏像
——人の本質は光り輝く仏像

成長には終わりがない。新たなチャレンジに成功し、自分の殻を破ったと思っても、次の段階ではまた別の問題や苦しみが待っている。それは、果てしない過

程だ。

だからこそ何度でも自分を観察し、苦しみに気づいていく必要がある。それが、本当の自分を見出《みいだ》す唯一の道なのだから。

その大切さを、グルはこんな話で説いてくれた。

泥まみれの仏像

ある村に、泥に覆われた仏像がありました。誰もその価値に気づかず、ただの泥まみれの仏像として長らく放置されていたのです。

ある日、ひとりの男がその仏像の前で静かに瞑想をしていました。

ふと目を開けた彼は、泥の一部が剝がれ落ち、わずかに金色の輝きが見えているのを発見しました。

好奇心にかられた男は仏像に近づき、一生懸命、泥を落とす作業をしました。すると、泥の下から黄金に輝く仏像が現れたのです。

俺たちもまた、泥に覆われた仏像のようなものだと、グルは言う。

本来の人は純粋な意識であり、純粋な愛と喜びに満ちている。

人がその状態であれば、誰もがその人に興味を示し、自然に引きつけられて集まってくる。また、お金やものや環境など必要なものがやってくる。しかし、**多くの人が苦しみや悩みという泥で、本来の魅力や才能を覆い隠している。**

育つ中で身につけた「こうあるべき」という思い込みや執着が泥のように積もり、俺たちの本質を隠してしまうのだ。

まずは、自分の本質が光り輝く仏像のような存在だと気づこう。

苦しみから自由になる作業は、まさにその泥を落とす作業だ。俺たちが金色の仏像として姿を現せば、どんなこともベストウェイで解決していくだろう。

苦しみという泥を落とせば、
本来の魅力や才能が
発揮される。

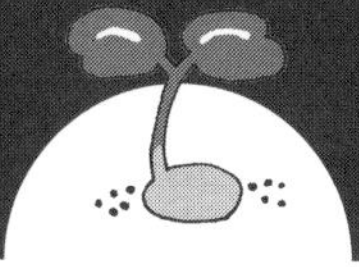

7

ビジョンと豊かさを生きる

「私」の誤解、
「私」の正体

講演家として新たなキャリアがスタート

講演会場のステージに立つと、４００人以上集まったという聴衆の視線がいっせいに僕に集まった。その真剣な眼差《まなざ》しに一瞬だけ緊張する。

スーツ姿のサラリーマンもいれば、カジュアルな服装の若者もいる。

年齢も職業も生い立ちも違うけれど、みんな人生を変えるために僕の話を聞こうと集まってきてくれた人たち。その思いに、これからの2時間で精一杯応《こた》えよう。僕の言葉が、誰かの人生を変えるきっかけになるように。

すぐにいつもの自分に戻り、笑顔でマイクを握る。

「こんにちは。佐田直斗です。今日はお越しいただき、ありがとうございます」

自己紹介をすると、会場から温かい拍手が起こる。僕は、今日伝えたい言葉を全力で紡《つむ》ぎはじめる。

講演活動を始めたのは去年のことだ。

デビュー作『インド式「グルノート」の秘密』は予想外の広がり方を見せ、特にＳＮＳで話題になった。そこから講演依頼が舞い込みはじめ、気がつけば「作家」「講演家」という肩書きが増えていた。

かつての僕は、美容師から経営者になれただけで満足していた。「人生、こんなものだろう」と高をくくっていたのだ。美容関連の経営者として人生を送るのだろうと思っていた。

だが、グルとの出会いで人生が変わった。狭いコップから飛び出し、広大な海に漕《こ》ぎ出してみると、想像を超える可能性の広がりに圧倒された。

新たなチャンスとの遭遇。思いもよらなかった景色との出会い。４００人もの人々が僕の話に耳を傾けてくれる。海外にまで事業が広がる。誰が予想しただろうか。

いま僕は、朝、グルノートを書くたびにワクワクする。「今日はどんな冒険が待っているだろう」そんな期待に胸を膨らませながら、日々を過ごしている。

そしていま、この恵みを独り占めにせず、ひとりでも多くの人に苦しみから自由になる生き方を伝えていけたらと願い、ステージに立つ。

こうして壇上に立っているのは、一つのビジョンが導いてくれたおかげだ。

インドで僕の心に生まれた、忘れられない光景。おおぜいの人を前にして、自分が実践してきたグルの知恵について話している。

客席の人たちは、みんな僕の話に笑顔で耳を傾けている。熱心にメモを取る若者たち、うなずきながら耳を傾ける中年の男女、静かに微笑《ほほえ》む高齢の方々。僕は自然体でリラックスしていて幸せそうに見える。観客も僕も、その空間にいる全員が満ち足りている……。そんな光景だ。

それは、とてもあざやかな映像だった。聴衆の表情、会場の空気感、自分の声の調子。まるで実際に起こった出来事のように、細部まではっきりと感じ取れる。

いつかこんな光景を実現できたら最高だ。

そのビジョンがふと浮かぶたびに、胸が高鳴った。でも我に返ると、すぐに「自分が人前で話すなんて、無理に決まってる」と心がしぼむ。人前に出るなんて絶対に無理だと思っていたし、正直にいえば恐《こわ》かった。だからその光景を打ち消すが、また脳裏に浮かんでくる。その繰り返しだった。

そんなとき、一通のメールが来たのだ。

書店でのトーク会の誘い。定員は50名。担当編集者は「いい機会だから、ぜひやりましょう」と大乗り気。朋美は「直斗ならきっとできる！」と励ましてくれ、大吾も自分のことのように喜んでくれた。

ビジョンの実現をはばんだのは「私」

だが、やはり想像したとたんに心臓がバクバクして、手のひらに汗がにじむ。夢がかなう喜びと、できないかもという恐怖。2つが綱引きのように激しくせめぎ合う。承諾のメールを送ろうと思うが、「まだ自分には早いんじゃないか」という思いが返信を打つ指をストップさせた。

なぜ、こうなってしまうのだろう。感情の正体を探るため、ノートに気持ちを書き出してみた。真っ白なページに向かい、心の奥にある感情や思いをジャッジせず、ペンを走らせる。


本物じゃないと思われるのが恐い。

自分の中にある迷いや臆病さがあらわになるのが恐ろしい。

有名講演家と比較されるんじゃないか。

人から批判されたり、攻撃されたりするんじゃないか……。

そんな気持ちが浮かび上がった。「自分は未熟だ」「完璧じゃないのに人前に出られない」という自信のなさも見えてきた。

その奥にあるものを、さらに掘り下げてみる。

すると浮かんできたのは「自分なんかが」と卑下する気持ちだった。自分を低く見積もり「自分なんてまだまだ」と謙遜して、やりたいことを先延ばしするクセだ。

その感情をじっくり見つめてみると、裏に別の思いが潜んでいることに気づいた。「本当はやればできるんだけど、批判や失敗が恐いからやらないでおこう」という自己防衛だ。

謙虚さのふりをした傲慢さこそが、人を苦しめる。

そうグルは言っていた。気づいた瞬間、「ああ、そういうことか」と、妙にスッキリしたのを覚えている。

ずっと背負っていた重荷から解放されたような安堵感《あんどかん》も訪れた。そして、不思議だが「よし、挑戦してみよう」という気持ちが湧いてきた。

結局、自分がどう見られるか、自分が失敗しないか、自分が傷つかないか。そんなことにこだわって、前に進むことができなかっただけなのだ。

恐れの正体を突き止めたことで、僕は「私」という呪縛から自由になれた。

すべての苦しみの原因は「私」という意識にある

すべての苦しみの原因は「私」という意識にある。そう教えてくれたグルの言葉がよみがえる。

すべての苦しみは「私」に対する執着から生まれます。
自分というものに固執している限り、苦しみは続きます。
逆にいえば、苦しんでいるときというのは、「私」にこだわっているときなのです。

たとえば、僕たちは「これが私だ」「私はこれをしてはいけない」「私はこうあるべきだ」とよく考える。

苦しんでいるときは、「私」にこだわっているとき。

また、どんな仕事をしていて、どんな肩書きがあり、何をもっているか。
そういった付属物で「私」という存在を定義し、人と比較しようとする。
でも、そんな「私」は本当に実在するのだろうか？
そんな「私」は幻想に過ぎない。真の「私」は、純粋な意識だ。

人の意識には、怒りや悲しみ、不安といったいろいろな感情が積み重なっている。僕たちは、日頃浮かんでくるそんな感情を「自分」だと勘違いしているだけだ。
それらをすべて取り除いたあとには、純粋な愛、喜び、至福、感謝、平安が残る。それこそが本当の「私」。純粋な意識だ。

あなたのその考えは、「あなた」ではありません。
あなたのその感情は、「あなた」ではありません。
あなたは、純粋な意識です。

グルの言葉が、いまになって深く胸に響く。

湖でおぼれたグルが気づいた「私」の正体

グルがかつて、「私」という存在が苦しみの原因になっていると気づいたときの体験談がある。

グルがまだ20代の頃。ある湖に家族でボート遊びに出かけたときのことだ。スタッフがライフジャケットを着るよう勧めたが、グルはとっさに断った。ところが、不幸にもボートは転覆。グルも奥さんや子供たちも湖に投げ出されてしまった。

グルは必死で泳ごうとしたが、ボートは沈み、おぼれそうになった。かつて人生で味わったことのない恐怖が押し寄せてきた。

水の中でもがきながら、グルの頭の中には、「あのとき、なぜ断ったのだろう。もっと強く勧めてほしかった」「家族を失うかもしれない」「これはカルマの結果なのだろうか」など、さまざまな思考が浮かんできた。

だが、そんな考えは現実を何も変えなかった。

おぼれかけながら、グルはいつも自分が説いていたことを思い出した。

「内側をしっかりと見なさい」という教えだ。

実際に自分の内側を見てみると、そこには、恐れや悲しみ、怒りなどさまざまな感情があった。


じつは、グルはすでに11歳で悟りを開いていたので、それまで人間がもつ苦しみをまったく味わったことがなかったという。

このとき、グルは初めて「苦しみ」というものを感じ、人類の苦しみの本質を理解した。そして、苦しみが生まれる原因は、「私」という強迫的な観念だったと気づいた。

というのも、グルの頭に浮かんできたのは、「**私のせいで、こうなった**」「**私が苦しんでいる**」**など、すべてが**「**私**」**中心の考えだったからだ。**

「スタッフがもっと勧めてくれれば」と他人を責める気持ちも、結局は、自分が間違った判断をしたと思われたくないという思いから。

つまり、自分に関する強迫観念からだった。

その事実に気づいた瞬間、全身の力が抜け、体がふわっと水面に浮いた。その後、奇跡的にスタッフが救助に来て家族全員が助かったという。


この話をグルがしてくれたとき、誰かが「生きるか死ぬかの瀬戸際でも、内側を見るのですか？」と質問した。

するとグルは「どんなときも自分の内側を観察する。これがすべての基本だ。君たちも、日頃からもっと真剣に見て『私』が苦しみを生んでいると気づくべきだよ」と笑って、こんな例を教えてくれた。

たとえば、借金に追われてどうしようもなくなったとき、たいていの人は「自分がどう見られるだろう」「家族を養っていけるだろうか」と心配ばかりしてしまう。結局、「自分が」「自分が」ということにこだわってしまうのだ。

でも、そんなときこそ自分の内側に目を向ける必要がある。

なぜなら、その「自分が」という意識を解放すれば、外側の問題はさほど重要ではないと気づけるからだ。

自分がどう見られるかを気にしなければ、「借金の返済を待ってほしい」と頼む選択もあるだろうし、友人に「ピンチだから、ちょっとご飯を食べさせてくれない？」とお願いすることもできるだろう。しかし「私」というプライドや見栄《みえ》が、それを邪魔している。

僕たちは、**あまりにも「私」にこだわりすぎている。それに気づければ、外の問題がそれほど大きくないとわかる。**

深い湖の底を覗《のぞ》くように、自分の内側をしっかりと見つめよう。

そうすれば、外の波はただのさざ波に過ぎないと気づける。すると、僕たちが日常で体験する「大変」なんて、じつは大した問題ではないとわかる。

巨石を動かす知恵
――「私」への執着が消えると起こること

「私」へのこだわりが消えると、自分という存在が大きく拡大していくような感覚に包まれた。

人前で緊張しなくなり、ステージで客席とのつながりを感じながら参加者と一緒に楽しんでいる。ビジョンとは、ただの「夢」ではなく現実の延長にある。そう確信する。

講演やセミナーのオファーはこの1年で増えつづけ、大きな売上の柱となった。本を書いているときは、想像もしなかったことだ。

「私」への執着が消えると、自分を取り巻く人々や環境、そしてディバインがよりいっそう手を貸してくれるようになるという。

グルが教えてくれた、こんな話がある。

巨石を動かす知恵

砂浜に埋まった巨石を息子が動かそうとしている。

父親がそばで見守っている。息子はあらゆる方法を試し、一生懸命押しているがまったく動かない。

それでも、がんばって動かそうとしている。

父は「お前はいままで、なんでもひとりでできた。最後にこの石を動かせたら、人類のすべての力を手に入れる方法を教えよう」と言う。

その言葉に、息子は必死で押すが、石は微動だにしない。

父は「お前は、まだ全力を出し切っていない」と指摘する。

「いや、僕はいろいろな方法を試して、全力を出し切ってやっているけど動かないんだ」息子は答える。

そこで父は、「お前は、まだすべての力を使っていない」と教える。

「ひとりで何かをしようとするのではなく、周りの仲間の力や、ディバイン

の大いなる力を借りて押せばいいのだ」

息子はこれを聞いて、仲間やディバインの力を借りた。

そして無事、巨石を動かせた。

この話には深い意味がある。

「私」という個人の力を超えて「私たち」の力を使えば、ひとりでは不可能に思えることも可能になる。

だから、「私」へのこだわりや執着を離れればいい。そうすれば、**孤独な戦いをすることなく、周囲の協力を得て大きな目標やビジョンをかなえられる。**

困難を乗り越えて愛でつながり、豊かさの中で生きられる。

そういった生き方は、多くの人に影響を与えていける。

講演を終えた僕に、ひとりの老婦人が声をかけてきた。シックなグレイヘアに赤い口紅が似合う洗練された女性だ。

「私、先生のおかげで、主人と離婚するのをやめることにしたんです。本当にありがとうございました」

一瞬、言葉に詰まると、女性は笑顔で続けた。

「私ね、自分の苦しみは主人のせいだとずっと思っていたんです。だから、いつも心の中で主人を責めて、絶対離婚しようと決めていました。子供たちも独立して孫もできて、いよいよと思っていたときに先生のご本を読んだんです。そして、グルノートを書いているうちに気づきました。私、自分だけを正当化して、主人の苦しみや大変さに気づけていなかったんです」

僕は答えた。

「お役に立ててよかった！　ご主人との絆《きずな》が深まって何よりです」

「ええ、いまは家族のためにがんばってくれた主人に心から感謝しています。若い頃に気づけていたら、もっとよかったかもって思うけれど、お互い生きているうちに気づけて本当にありがたいわ」と彼女は笑った。

ビジョンと理想の違い

豊かで自由な人生を送るには、ビジョンと理想の違いを理解することが重要だ。ビジョンとは「美しい状態から何かをしたいと思うこと。そして、実際にすること」とグルは教えてくれた。**ビジョンには他人との比較がない。そこにはただ、自分がどうありたいかという内面的な静けさがある。**

一方、理想とは「こうなりたい」「こんなことをしたい」という目標。外から押しつけられた価値観やあこがれのモデルだ。

どちらも一見、自分が望む方向を示しているように思える。しかし、その根本がまったく異なる。

多くの人は理想をもつ。たとえば、月収何百万円、ビジネスで何億円といった数字上の目標や、望み通りの家やもの、スペックを手に入れたりすること。

そういった理想は、どこから生まれるかというと、たいていは比較から来る不安や不足感だ。ＳＮＳで見かけた情報や他人によって、自分もそうなりたいという思いが理想にすり替わる。

グルは、**理想とは執着に過ぎない**と言う。結局、苦しみの状態から「こんなふうになりたい」と望んでいるだけだから、と。

かつての僕も「理想の自分」や「理想の生活」を追い求めていた。そのせいで、いつも「いま」と「理想」とのギャップに苦しんだ。

成功したくてなりふりかまわず学んできたのは、知識やスキルという鎧《よろい》を身に着け、武装してきたようなものだ。その奥にはいつも、自信のなさや人との比較があった。

自分よりカットやカラーの上手な美容師はいる。大規模展開している店もある。そうやって比較しているから、いつも「できない自分」がいた。

だから、講演を引き受ければ新たなステージに進めるとわかっていながら、「自分より話すのがうまい人なんて、いくらでもいる」と考えてひるんだ。本当は、自

ビジョンとは
他人との比較がなく、
ただ、自分が
どうありたいかという
ことだけ。

分の中に明確なビジョンがあって、それを実現したいと望んでいるのに。

人との比較は「3つの自分との戦い」を生む

人との比較を続けていると、3つの自分との戦いが起きるという。

一つは、萎縮する自分。

誰かと比べて、自分より「容姿がいい」「優秀」「話がうまい」「おしゃれだ」「知識がある」などと感じてしまう。そうやって他人と自分を比べてばかりいるから、いつも自分が小さく見えてしまう。

もう一つは、自分を責める自分。

理想と現実のギャップに苦しみ、「いまの自分ではダメだ」と責めるのが習慣になっている。ストレスから「理想がかなわないのは○○のせいだ」と人や環境を責めることもある。

最後は、無気力な自分。

やる気がなくなり、「自分にはできない」「いまは、まだいい」と、何もかも先送りにしてしまう。そして、責任から逃げつづける。

自分の内側でそんな戦いばかりやっていると、どんどん孤独になっていく。そして、人とつながれなくなっていく。

ビジョンとは自分の在り方

ビジョンとは、自分自身の内面をどのような状態にしたいのか、どんな自分で人生を送りたいのか、その未来像。数字や地位ではなく、**人との関わり方や自分の在り方そのものだ。**

もちろん、外側の現実をこう変えたいというビジョンをもってもいい。

いや、内側と外側、両方のビジョンが必要だ。

両者を明確にすれば、自然とビジョンに沿った行動が生まれる。

ビジョンから生まれる行動は、執着から生まれる行動とはまったく異なる。それは自由で、喜びに満ちている。プロセスそのものが充実している。

どうやって、苦しみから生まれる理想と、美しい状態から生まれるビジョンを区別するのか。グルは言った。

苦しみから生まれる理想は、達成したときだけ満たされます。

そのプロセスは、不安や恐怖を燃料にして動いています。

でも、美しい状態から生まれるビジョンは、プロセスのすべてが楽しく、すべてが満たされているのです。

たとえば打ち合わせ一つにしても、もし楽しんでいないなら、それは苦しみから生まれた理想のためにやっているのかもしれない。

プレゼンでもマーケティングでも、心から情熱をもてていなければ理想を追いかけているだけだ。

僕は、日々の仕事、人との出会い、すべての場面で自問自答する。

いま、自分は楽しんでいるのか？

いま、心から情熱をもてているのか？

もし、打ち合わせの前に「この案件が取れれば売上が上がる」と思うのなら、それは苦しみからの行動だ。

理想をいったん達成したとしても、また次の理想が現れる。足りないという感覚から生まれる限り、この循環は続く。理想を追うことで得られる満足感は一瞬で消え、代わりにさらなる焦りと疲れが押し寄せてくる。

まさに、負のスパイラルだ。

理想を追い求めつづけると、苦しみから逃げるために、中毒になったように何かにのめり込むこともある。たとえば、SNSにのめり込む、チョコレートやアルコールをやめられない。これは、理想を追う苦しみから逃げるための常套《じょうとう》手段だ。

自分がやろうとしていることは、美しい状態から生まれたビジョンか？

それとも、苦しみから生まれた理想が自分を追い立てているのか？

その違いを見極めることで、自分が本当に何をしたいのかが少しずつ明確になっていく。

悟りは自分のためだけのものではない

僕のビジョンとは何か。ベンツに乗ったブッダになること、悟ったリーダーとして生きることだ。
朋美には「悟った夫」、莉子には「悟った父親」でありたい。
両親に対しては「悟った息子」でありたい。物質的な支援はもちろん、精神的にも成熟した存在でありたい。
もし悟りが、自分が苦しまないためだけに必要だったのなら、切実さは変わっていたかもしれない。でも、グルの次の教えを聞いて、悟りを目指す気持ちは、いっそう強くなった。

カルマは、さらに強化されながら、次の世代に受け継がれていく。

カルマとは過去の行動の結果が、いまの自分に影響を与えるしくみを指す。つまり、僕が怒りや悲しみ、不安を抱えて生きていたら、それが子供たちに伝わり、さらに深く根づいてしまう。

そう知って強い危機感をもった。自分の抱える負の感情が、子供や孫たちに重大な影響を及ぼすと想像できたからだ。

でも、僕が悟ってその知恵を分かち合えば、家族にいい影響を与えられる。さらに、周囲の人にも貢献できる。

自分のためだけでなく、家族のために、そして周りのために、美しい状態で生きつづける。それも僕にとって大事なビジョンとなった。

苦しみを取れば、プーニャ（徳）が積まれていく

グルは「苦しみを取れば取るほど、プーニャが積まれていく」と説いた。

プーニャとは「徳」のことだ。

最大のプーニャは、人の苦しみを取ることだという。すると、人生にたくさんの恩寵《おんちょう》が流れ込んでくる、と。

そう考えると、仕事の意義も変わってくる。ただ数字や効率を追い求めるのではなく、人々の苦しみを軽減する意図をもって仕事をする。そして、意図通りの成果を出す。それこそが本当の意味での「成功」だ。

そのためには、「愛」の存在が鍵となる。

たとえば、ビジネスにおいて利便性や価格競争では、大手資本には勝てない。でも「愛」がベースにあったらどうだろう。グルは、こう言っていた。

「お客様の生活や人生に貢献したい」「笑顔になってほしい」という思いで、自分の仕事に愛を注いでいけば、「あなたからサービスを受けたい」「あなたからこれを買いたい」という人が遠くからでもやってくるでしょう。

その人は他社ではなく、ずっとあなたの商品やサービスを選びたいと思うようになります。

本当の愛を知っているから、愛のある商品や愛のあるサービスを提供できるのです。

そこに、大きな豊かさの循環が回りはじめるでしょう。

そのためにも、間違った愛に気づいて、本当の愛に目覚める必要があるのです。

苦しみのない美しい状態から湧き出てくるビジョンに沿って、愛をもって仕事をしていこう。

そうすれば、おのずとプーニャが積まれていくだろう。売上や収入となって現実に反映されるだろう。

人間関係も同じだ。苦しみを取り払い、いい関係を作ろうという純粋な気持ちから接していければ、人を思い通りにしようとか、おとしめようという気持ちは自然に消えていく。

同時に、他人の感情にも敏感になり、寄り添えるようになる。目の前の人が何に悲しんでいるのか、何を感じているのかが、以前よりも鮮明にわかり、相手に共感する力が育まれる。そうやって人間関係を築いていけば、大きなプーニャが積まれていく。

悟る力やプーニャを積む力は、誰にでも備わっているとグルは教えてくれた。

苦しみがない状態から、パワーを求めなさい。
苦しみがない状態から、この人生で得られる喜びを得ていきなさい。
苦しみがない状態から、悟った愛を手に入れていきなさい。

そうすると、あなたはもっともっとたくさんの富を得られます。

苦しみがない状態になると、相手への共感が生まれ、そこから慈愛が生まれてくるという。

共感とは相手の感情を共有すること。

一方、慈愛は共感から、なんらかの行動を起こすこと。

共感と慈愛の唯一の違いは、そこに行動があるかどうかだ。自分の関わる人たちに愛の眼差しを向け、愛のこもった言葉をかけ合おう。相手が苦しんでいたとしたら、そっと寄り添おう。

慈愛をもってプーニャを積めるのは、いつでも日常においてだ。

インドで見つけた「お金」と「時間」の秘密

休日の朝。いつもより遅めに目覚めた僕は、ゆっくりとベッドを抜け出す。リビングから、くすくすと笑い声が聞こえてくる。

見ると、朋美と莉子がソファに並んで絵本を読んでいた。


「おはよう、パパ！」莉子が顔を上げて微笑む。

「おはよう。二人とも楽しそうだね」

「うん、この絵本、保育園でとても流行《はや》ってるの。面白いキャラクターが出てくるんだよ」

莉子がいかにもうれしそうに言う。

「パパも一緒に読もう！」

僕は莉子の横に座り、3人で一冊の絵本を読む。その柔らかな髪をなで、「どんなお話？」と尋ねると、莉子が目を輝かせて説明を始める。

「えっとね、この妖精がね」

ページをめくる莉子の小さな手を見ながら、グルの言葉を思い出す。


愛という言葉を、多くの人は軽々しく使っています。

しかし、本当の愛とは、皆さんが思っている以上に尊いものです。

尊さとはなんでしょう。

それは、愛し合う時間、愛を感じる時間がいつか終わるということを知っていることです。


たとえば、愛する人と結ばれたとき、子供が生まれたとき、僕たちは無条件の愛を感じる。相手の存在がとても尊く、何よりも愛《いと》おしい。

でも、次に同じような愛を感じるのは、お互いのどちらかがこの世を去るとき。

相手との関係が終わるときだと、グルは言う。

そのときになって初めて、宝物のようだった時間を思い出し味わい出す、と。


そんな一生を送ってしまうと、あなたが過ごす一つひとつの時間がとてももったいないのです。

毎日の小さな出来事も一つずつ楽しみなさい。

人生とは、どれだけ日常の時間を楽しめたか、どれだけ「いま」という一

瞬を尊く感じられたかで変わってくるのです。


家族に「いってらっしゃい」と声をかけるとき。

愛する動物や花を愛《め》でるとき。

仕事が終わった帰り道、夕日の美しさに見とれるとき。

その一つひとつの時間が、尊い。


でも僕たちは、明日も同じ時間が当たり前のようにやってくると思っている。

だから、その大切な瞬間を軽んじてしまう。

上の空で食事をし、一瞬だけ「きれいだな」と思ってその場を離れ、「また今度でいいや」と、言うべき感謝や愛の言葉を先送りする。

外側の出来事にばかり囚《とら》われ、かけがえのないこの一瞬にいられない。

でも見事に咲いた桜が、次も見られるとは限らないのだ。


莉子の熱心な説明を聞きながら、ふと目を上げると、朋美の穏やかな笑顔があ

尊さとは、
愛を感じる時間が
いつか終わる
ということを
知っていること。

った。

「お腹《なか》が空《す》いた！」という莉子の声を合図に、朝食の支度にかかる。朋美がホットケーキを焼きはじめ、僕はコーヒーの準備だ。莉子が自分用のエプロンを持ってきて「お手伝いする」と言い出した。

食卓を囲み、3人揃《そろ》って「いただきます」と手を合わせる。ホットケーキの甘い香りが部屋に漂う。

明日も明後日も、この時間が続く保証はどこにもない。だからこそ、いまこのときを、心から愛おしむ。

どんな状況にあろうとも、美しい状態でいまに意識を向ければ、この瞬間、この場所に幸せがある。そう気づいた僕の人生は、感謝してもし切れないほど豊かになっている。

インドで見つけた「お金」と「時間」の秘密。

それは、僕たちが生きているこの瞬間にあった。

Epilogue

宮古島の海

宮古島の青い空が、どこまでも広がっている。

白い砂浜のビーチチェアに身を沈め、波の音を聞きながら僕は深呼吸をする。

プライベートビーチさながらの静けさに、心も体も解き放たれていくようだ。

隣では、大吾が熱心に本を読んでいる。

大吾の両親が浜辺を散歩し、朋美と莉子は波打ち際で貝殻を拾っている。

「宮古島にリトリートハウスを買ったから、遊びにおいでよ」と誘われて、夏休みの家族旅行に訪れた。東京から遊びに来ていた大吾の両親も加わって、くつろいだ時間が流れている。

プチホテルのようなリトリートハウスを、大吾はこれからセミナーにも使いたいそうだ。「最初の講師は、直斗だよ」と、さっそくうれしいオファーが来た。

「なあ、直斗」大吾が顔を上げる。

「インドに行ったときのこと、覚えてるか？」

「ああ」僕は微笑《ほほえ》む。

「あの頃の俺たち、お金にも時間にもしばられていた」大吾が海を見ながら笑う。

「そうだよな。でもインドに行って、すべてが変わった」

目を閉じて、あの日のことを思い出す。グルの声がいまも耳に残っている。

まずは自分の内側に意識を向けること。

外側の現象ではなく、自分自身を美しい状態にすることが大切なのです。

その言葉が、僕たちの人生を１８０度変えた。

仕事に追われ、いつも不安に駆《か》られていた僕たちが、いまこうして愛する人たちと穏やかな休日を過ごしている。

自分の情熱を、思い切り仕事に注ぎ込めている。

世界に「相転移」は起こせる

大吾が感慨深げに語り出す。

「グルが言ってたよな。世界中で８万２０００人が悟ると『相転移』が起こるって」

「ああ、そうだな」僕はうなずく。

「相転移」とは、湖の水が徐々に凍りはじめ、閾値《いきち》を超えると湖面が一気に凍るように、**ある段階を超えると、オセロがいっせいに裏返るかのごとく現実が変わる現象だ。**

グルはこう言っていた。

世界の全人口82億人のわずか0・001%、8万2000人が悟りに向かうと「相転移」が起こり、地球は苦しみのない世界へと生まれ変わります。

「このビジョンを実現するために、俺たちで新しい生き方を広めていこう」

「ああ。まずは、僕たちが悟った王様として生きた証明になろう」

僕たちは輝く海を見ながら、誓い合った。

砂浜に目をやる。朋美と莉子が楽しそうに笑いながら近づいてくる。

「パパ、見て！　きれいな貝殻を見つけたよ」

僕は、駆け寄ってきた莉子を抱き上げた。

この本を読んでくれたあなたへ。人生を変えたいと思っているあなたへ。

僕たちは、あなたと同じように迷い、進むべき道を探した。

でも、答えは自分の中にあった。

内なる平安を見つけることで、すべてが変わった。

お金や時間にしばられるのではなく、それらを自由に使えるようになった。

いまこの瞬間の自分を観察し、愛《いと》おしみ、大切にして生きる。それが、豊かさへの近道だ。その豊かさは、周りの人々にも広がっていく。

8万2000人。地球の人口に比べたら、それはけっして大きな数字ではない。

でも、その変化が世界を変える力をもっている。


あなたも、世界を変えるひとりになりませんか？

この美しい地球を苦しみのない楽園にするために、悟った王様として。

その第一歩は、あなた自身の内なる変化から始まる。

著者プロフィール

佐野直樹

さの・なおき

自己投資探究家。株式会社AND代表取締役。

1981年、北海道網走生まれ。18歳から21歳まで札幌の美容室で経験を積み、「どうせやるなら世界一から習いたい」とロンドンの美容専門学校ヴィダルサスーンアカデミーに留学、2年間修業する。帰国後、経営を学び27歳で独立。業績アップのためにマーケティングセミナー参加などさまざまな自己投資をし、その総額は1億5000万円。事業は順調であったが、うつ症状、離婚、社員が次々と退職など、幸せとはほど遠い状況になり、次第に業績も悪化。八方ふさがりの連続で救いを求める中、インドに数多くの世界的リーダーを教える「グル」がいることを知る。藁にも縋る思いでインドに渡り、グルから人生を変える教えを学ぶ。その教えをもとに「グルノート」を編み出し、実践。業績が再度アップ。新たなパートナーとも出会い子供も授かり、人生が一変する。

現在、理美容室のフランチャイズや健康食品の代理店など17店舗を展開、ドバイにも会社を設立し、海外ベンチャー投資も行っている。また、インドで学んだ叡智と自身の体験を交えた講演は、年間のべ1万人を超える参加者から好評を得ている。著書にロングセラーの『インド式「グルノート」の秘密』がある。

▶ 佐野直樹Instagram
https://www.instagram.com/naoki9462/

僕らがインドで見つけた「お金」と「時間」の秘密

2024年　12月10日　初版印刷
2024年　12月20日　初版発行

著者　　佐野直樹
発行人　黒川精一
発行所　株式会社 サンマーク出版
〒169-0074東京都新宿区北新宿2-21-1
(電)03-5348-7800
印刷　　共同印刷株式会社
製本　　株式会社若林製本工場

ISBN978-4-7631-4184-2 C0030
ホームページ　https://www.sunmark.co.jp